普通中小学校长工作手册

教育部基础教育司　编

教育科学出版社
·北　京·

出 版 人　李　东
责任编辑　郑　莉　何　薇
版式设计　宗沅书装　郝晓红
责任校对　贾静芳
责任印制　叶小峰

图书在版编目（CIP）数据

普通中小学校长工作手册 / 教育部基础教育司编. —北京：教育科学出版社，2018.4（2024.1 重印）
ISBN 978-7-5191-1233-2

Ⅰ.①普…　Ⅱ.①教…　Ⅲ.①中小学—校长—学校管理—手册　Ⅳ.①G637.1

中国版本图书馆 CIP 数据核字（2018）第 061511 号

普通中小学校长工作手册
PUTONG ZHONGXIAOXUE XIAOZHANG GONGZUO SHOUCE

出版发行	教育科学出版社		
社　　址	北京·朝阳区安慧北里安园甲 9 号	**邮　　编**	100101
总编室电话	010-64981290	**编辑部电话**	010-64981357
出版部电话	010-64989487	**市场部电话**	010-64989009
传　　真	010-64891796	**网　　址**	http://www.esph.com.cn
经　　销	各地新华书店		
制　　作	北京金奥都图文制作中心		
印　　刷	唐山玺诚印务有限公司		
开　　本	720 毫米×1020 毫米　1/16	**版　　次**	2018 年 4 月第 1 版
印　　张	21.75	**印　　次**	2024 年 1 月第 8 次印刷
字　　数	228 千	**定　　价**	72.00 元

编写说明

为深入推进基础教育治理体系和治理能力的现代化，深化教育综合改革，全面落实立德树人根本任务，提升普通中小学校长的学习力和领导力，进一步促进学校管理规范化、科学化、法治化，确保党的教育方针和国家教育法律法规“落地生根”，教育部基础教育司组织编写了《普通中小学校长工作手册》。

手册编写本着“方便快捷、管用实用”的理念，在近十年来的190个有重要影响和价值的普通中小学管理法律法规和政策性文件中择其精要，把涉及学生全面发展、教师专业成长、校长能力建设和学校品质提升的内容遴选出来，将校长必须了解、要求做到、能够量化、可落在操作层面上的要求凸显出来，给校长切实参考指导，力求做到“一册在手，规范全有”。

文件选择遵循六个原则：一是政治性原则，突出党和国家对教育的定位和部署；二是引领性原则，突出国家教育领域综合改革发展方向；三是权威性原则，突出收录文件和摘录要点的全面、准确；四是时代性原则，突出最新文件精神，过时的文件不选；五是规范性原则，突出原文件精神，不做任何改动；六是关联性原则，突出教育改革和发展的整体逻辑性。

本书摘编的法律条文和政策文件涵盖义务教育、特殊教育、普通高中教育等，关于民办学校的相关政策也一并收入，不涉及学前教育、职业教育。受编写文本篇幅限制，对很多重要文件只是摘编其精华，以起提点和索引作用。对广大中小学校长而言，要全面准确地把握文件精神，还需认真阅读原文件，为此，本书附有文件索引，以方便读者对照查阅。

目　录

附录

第一章
明确立德树人任务

本章导读

全面贯彻党的教育方针，落实立德树人根本任务，发展素质教育，积极培育和践行社会主义核心价值观，加强中小学德育工作，是推进中国特色社会主义事业的必然要求，是深化教育领域综合改革、促进学生健康成长的首要内容。广大中小学校长要将育人为本作为学校工作的根本要求，不断丰富德育内容，不断创新德育载体，着力培养学生的社会责任感、创新精神和实践能力，进一步增强中小学德育的时代性、规律性、实效性。

要点摘编

全面贯彻党的教育方针，坚持教育为社会主义现代化建设服务，为人民服务，与生产劳动和社会实践相结合，培养德智体美全面发展的社会主义建设者和接班人。

坚持德育为先。立德树人，把社会主义核心价值体系融入国民教育全过程。加强马克思主义中国化最新成果教育，引导学生形成正确的世界观、人生观、价值观；加强理想信念教育和道德教育，坚定学生对中国共产党领导、社会主义制度的信念和信心；加强以爱国主义为核心的民族精神和以改革创新为核心的时代精神教育；加强社会主义荣辱观教育，培养学生团结互助、诚实守信、遵纪守法、艰苦奋斗的良好品质。加强公民意识教育，树立社会主义民主法治、自由平等、公平正义理念，培养社会主义合格公民。加强中华民族优秀文化传统教育和革命传统教育。把德育渗透于教育教学的各个环节，贯穿于学校教育、家庭教育和社会教育的各个方面。切实加强和改进未成年人思想道德建设和大学生思想政治教育工作。构建大中小学有效衔接的德育体系，创新德育形式，丰富德育内容，不断提高德育工作的吸引力和感染力，增强德育工作的针对性和实效性。加强辅导员、班主任队伍建设。

——以上见《中共中央 国务院关于印发〈国家中长期教育改革和发展规划纲要（2010—2020年）〉的通知》（中发〔2010〕12号），2010年7月8日

名言链接

教育者，养成人格之事业也。使仅仅为灌注知识、练习技能之作用，而不贯之以理想，则是机械之教育，非所以施于人类也。

——蔡元培

坚持立德树人，加强社会主义核心价值体系教育，完善中华优秀传统文化教育，形成爱学习、爱劳动、爱祖国活动的有效形式和长效机制，增强学生社会责任感、创新精神、实践能力。

——以上见《中共中央关于全面深化改革若干重大问题的决定》（中国共产党第十八届中央委员会第三次全体会议通过），2013 年 11 月 12 日

教育必须为社会主义现代化建设服务、为人民服务，必须与生产劳动和社会实践相结合，培养德、智、体、美等方面全面发展的社会主义建设者和接班人。

教育应当坚持立德树人，对受教育者加强社会主义核心价值观教育，增强受教育者的社会责任感、创新精神和实践能力。

国家在受教育者中进行爱国主义、集体主义、中国特色社会主义的教育，进行理想、道德、纪律、法治、国防和民族团结的教育。

——以上见《全国人民代表大会常务委员会关于修改〈中华人民共和国教育法〉的决定》（中华人民共和国主席令第三十九号），2015 年 12 月 27 日

“十三五”时期教育改革发展的总目标是：教育现代化取得重要进展，教育总体实力和国际影响力显著增强，推动我国迈入人力资源强国和人才强国行列，为实现中国教育现代化2030远景目标奠定坚实基础。

贯彻落实新发展理念，全面实现“十三五”时期教育改革发展目标，必须紧紧围绕全面提高教育质量这个主题，把立德树人作为根本任务，全面实施素质教育，积极培育和践行社会主义核心价值观，更新育人理念，创新育人方式，改善育人生态，提高教师素质，建立健全各级各类教育质量保障体系，全面提升育人水平。

——以上见《国务院关于印发国家教育事业发展“十三五”规划的通知》（国发〔2017〕4号），2017年1月10日

中小学校要深入开展中华优秀传统文化教育，弘扬以爱国主义为核心的民族精神和以改革创新为核心的时代精神，引导学生增强民族文化自信和价值观自信。

中小学校要大力开展公民意识教育，培养公民美德，发扬社会公德，增强国家认同，引导广大学生了解公民的基本权利与义务。

中小学校要普遍开展生态文明教育，以节约资源和保护环境为主要内容，引导学生养成勤俭节约、低碳环保的行为习惯，形成健康文明的生活方式。

中小学校要认真落实《中小学心理健康教育指导纲要（2012年修订）》，全面推进心理健康教育。

中小学校要不断探索网络环境下德育工作的有效途径，引导

学生正确对待网络虚拟世界，合理使用互联网、手机以及微博、微信等新媒体。

改进课程育人。中小学校要充分发挥课程的德育功能，将社会主义核心价值观的内容和要求细化落实到各学科课程的德育目标之中。

改进实践育人。中小学校要广泛开展社会实践活动，充分体现“德育在行动”，要将社会主义核心价值观细化为贴近学生的具体要求，转化为实实在在的行动。

改进文化育人。中小学校要挖掘地域历史文化传统，因地制宜开展校园文化建设，将社会主义核心价值观融入校园物质文化、精神文化、制度文化、行为文化之中。

改进管理育人。中小学校要积极推进学校治理现代化，将社会主义核心价值观的要求贯穿于学校管理制度的每一个细节之中。

——以上见《教育部关于培育和践行社会主义核心价值观 进一步加强中小学德育工作的意见》（教基一〔2014〕4 号），2014 年 4 月 1 日

名言链接

道德是做人的根本。根本一坏，纵然使你有一些学问和本领，也无甚用处。

——陶行知

紧紧围绕立德树人根本任务，综合运用教育教学、实践养

成、文化熏陶、制度保障、研究宣传等方式，重点在“融入”上下功夫，把社会主义核心价值观纳入国民教育全过程，落实到教育教学和管理服务各环节，覆盖到所有学校和受教育者，形成培育和践行社会主义核心价值观工作长效机制，使广大师生自觉将社会主义核心价值观内化于心、外化于行。

推动社会主义核心价值观融入教育教学。

推动社会主义核心价值观融入社会实践。

推动社会主义核心价值观融入文化育人。

推动社会主义核心价值观融入制度建设。

——以上见《中共教育部党组 共青团中央关于在各级各类学校推动培育和践行社会主义核心价值观长效机制建设的意见》(教党〔2014〕40号)，2014年10月17日

1. 爱党爱国爱人民。了解党史国情，珍视国家荣誉，热爱祖国，热爱人民，热爱中国共产党。

2. 好学多问肯钻研。上课专心听讲，积极发表见解，乐于科学探索，养成阅读习惯。

3. 勤劳笃行乐奉献。自己事自己做，主动分担家务，参与劳动实践，热心志愿服务。

4. 明礼守法讲美德。遵守国法校纪，自觉礼让排队，保持公共卫生，爱护公共财物。

5. 孝亲尊师善待人。孝父母敬师长，爱集体助同学，虚心接受批评，学会合作共处。

6. 诚实守信有担当。保持言行一致，不说谎不作弊，借东

西及时还，做到知错就改。

7. 自强自律健身心。坚持锻炼身体，乐观开朗向上，不吸烟不喝酒，文明绿色上网。

8. 珍爱生命保安全。红灯停绿灯行，防溺水不玩火，会自护懂求救，坚决远离毒品。

9. 勤俭节约护家园。不比吃喝穿戴，爱惜花草树木，节粮节水节电，低碳环保生活。

——以上见《教育部关于印发〈中小学生守则（2015年修订）〉的通知》（教基一〔2015〕5号），2015年8月20日

德育目标

（一）总体目标

培养学生爱党爱国爱人民，增强国家意识和社会责任意识，教育学生理解、认同和拥护国家政治制度，了解中华优秀传统文化和革命文化、社会主义先进文化，增强中国特色社会主义道路自信、理论自信、制度自信、文化自信，引导学生准确理解和把握社会主义核心价值观的深刻内涵和实践要求，养成良好政治素质、道德品质、法治意识和行为习惯，形成积极健康的人格和良好心理品质，促进学生核心素养提升和全面发展，为学生一生成长奠定坚实的思想基础。

（二）学段目标

小学低年级

教育和引导学生热爱中国共产党、热爱祖国、热爱人民，爱亲敬长、爱集体、爱家乡，初步了解生活中的自然、社会常识和

有关祖国的知识，保护环境，爱惜资源，养成基本的文明行为习惯，形成自信向上、诚实勇敢、有责任心等良好品质。

小学中高年级

教育和引导学生热爱中国共产党、热爱祖国、热爱人民，了解家乡发展变化和国家历史常识，了解中华优秀传统文化和党的光荣革命传统，理解日常生活的道德规范和文明礼貌，初步形成规则意识和民主法治观念，养成良好生活和行为习惯，具备保护生态环境的意识，形成诚实守信、友爱宽容、自尊自律、乐观向上等良好品质。

初中学段

教育和引导学生热爱中国共产党、热爱祖国、热爱人民，认同中华文化，继承革命传统，弘扬民族精神，理解基本的社会规范和道德规范，树立规则意识、法治观念，培养公民意识，掌握促进身心健康发展的途径和方法，养成热爱劳动、自主自立、意志坚强的生活态度，形成尊重他人、乐于助人、善于合作、勇于创新等良好品质。

高中学段

教育和引导学生热爱中国共产党、热爱祖国、热爱人民，拥护中国特色社会主义道路，弘扬民族精神，增强民族自尊心、自信心和自豪感，增强公民意识、社会责任感和民主法治观念，学习运用马克思主义基本观点和方法观察问题、分析问题和解决问题，学会正确选择人生发展道路的相关知识，具备自主、自立、自强的态度和能力，初步形成正确的世界观、人生观和价值观。

德育内容

（一）理想信念教育。

（二）社会主义核心价值观教育。

（三）中华优秀传统文化教育。

（四）生态文明教育。

（五）心理健康教育。

实施途径和要求

（一）课程育人

充分发挥课堂教学的主渠道作用，将中小学德育内容细化落实到各学科课程的教学目标之中，融入渗透到教育教学全过程。

严格落实德育课程。按照义务教育、普通高中课程方案和标准，上好道德与法治、思想政治课，落实课时，不得减少课时或挪作它用。

发挥其它课程德育功能。要根据不同年级和不同课程特点，充分挖掘各门课程蕴含的德育资源，将德育内容有机融入到各门课程教学中。

语文、历史、地理等课要利用课程中语言文字、传统文化、历史地理常识等丰富的思想道德教育因素，潜移默化地对学生进行世界观、人生观和价值观的引导。

数学、科学、物理、化学、生物等课要加强对学生科学精神、科学方法、科学态度、科学探究能力和逻辑思维能力的培养，促进学生树立勇于创新、求真求实的思想品质。

音乐、体育、美术、艺术等课要加强对学生审美情趣、健康体魄、意志品质、人文素养和生活方式的培养。

外语课要加强对学生国际视野、国际理解和综合人文素养的培养。

综合实践活动课要加强对学生生活技能、劳动习惯、动手实践和合作交流能力的培养。

用好地方和学校课程。要结合地方自然地理特点、民族特色、传统文化以及重大历史事件、历史名人等，因地制宜开发地方和学校德育课程，引导学生了解家乡的历史文化、自然环境、人口状况和发展成就，培养学生爱家乡、爱祖国的感情，树立维护祖国统一、加强民族团结的意识。

统筹安排地方和学校课程，开展法治教育、廉洁教育、反邪教教育、文明礼仪教育、环境教育、心理健康教育、劳动教育、毒品预防教育、影视教育等专题教育。

（二）文化育人

要依据学校办学理念，结合文明校园创建活动，因地制宜开展校园文化建设，使校园秩序良好、环境优美，校园文化积极向上、格调高雅，提高校园文明水平，让校园处处成为育人场所。

（三）活动育人

要精心设计、组织开展主题明确、内容丰富、形式多样、吸引力强的教育活动，以鲜明正确的价值导向引导学生，以积极向上的力量激励学生，促进学生形成良好的思想品德和行为习惯。

（四）实践育人

要与综合实践活动课紧密结合，广泛开展社会实践，每学年至少安排一周时间，开展有益于学生身心发展的实践活动，不断增强学生的社会责任感、创新精神和实践能力。

将校外劳动纳入学校的教育教学计划，小学、初中、高中每个学段都要安排一定时间的农业生产、工业体验、商业和服务业实习等劳动实践。

教育引导学生参与洗衣服、倒垃圾、做饭、洗碗、拖地、整理房间等力所能及的家务劳动。

做好学生志愿服务认定记录，建立学生志愿服务记录档案，加强学生志愿服务先进典型宣传。

（五）管理育人

要积极推进学校治理现代化，提高学校管理水平，将中小学德育工作的要求贯穿于学校管理制度的每一个细节之中。

完善管理制度。制定校规校纪，健全学校管理制度，规范学校治理行为，形成全体师生广泛认同和自觉遵守的制度规范。

制定班级民主管理制度，形成学生自我教育、民主管理的班级管理模式。

制定防治学生欺凌和暴力工作制度，健全应急处置预案，建立早期预警、事中处理及事后干预等机制。

明确岗位责任。建立实现全员育人的具体制度，明确学校各个岗位教职员工的育人责任，规范教职工言行，提高全员育人的自觉性。

细化学生行为规范。落实《中小学生守则（2015 年修订）》，鼓励结合实际制订小学生日常行为规范、中学生日常行为规范，教育引导学生熟知学习生活中的基本行为规范，践行每一项要求。

（六）协同育人

加强家庭教育指导。要建立健全家庭教育工作机制，统筹家长委员会、家长学校、家长会、家访、家长开放日、家长接待日等各种家校沟通渠道，丰富学校指导服务内容，及时了解、沟通和反馈学生思想状况和行为表现，认真听取家长对学校的意见和建议，促进家长了解学校办学理念、教育教学改进措施，帮助家长提高家教水平。

组织实施

学校要建立党组织主导、校长负责、群团组织参与、家庭社会联动的德育工作机制。学校党组织要充分发挥政治核心作用，切实加强对学校德育工作的领导，把握正确方向，推动解决重要问题。校长要亲自抓德育工作，规划、部署、推动学校德育工作落到实处。学校要完善党建带团建机制，加强共青团、少先队建设，在学校德育工作中发挥共青团、少先队的思想性、先进性、自主性、实践性优势。

——以上见《教育部关于印发〈中小学德育工作指南〉的通知》（教基〔2017〕8号），2017年8月17日

把思想政治教育工作纳入学校事业发展规划，把思想政治工作队伍建设纳入学校人才队伍培养规划，全面提升思想政治教育工作水平。切实加强思想政治理论课和思想品德课课程、教材、教师队伍建设，深入推进中国特色社会主义理论体系进教材、进课堂、进头脑，把社会主义核心价值观融入教育教学全过程、教书育人各环节，不断增强广大师生中国特色社会主义道路自信、

理论自信、制度自信、文化自信。提高思想政治教育的针对性、实效性和吸引力、感染力，切实加强理想信念、爱国主义、集体主义、中国特色社会主义教育和中华优秀传统文化、革命传统文化、民族团结教育，引导学生树立正确的世界观、人生观、价值观。大力开展社会实践和志愿服务，积极开展心理健康教育。创新网络思想政治教育方式，大力弘扬主旋律、传播正能量，全面提高教书育人、实践育人、科研育人、管理育人、服务育人的水平。

——以上见《国务院关于鼓励社会力量兴办教育 促进民办教育健康发展的若干意见》（国发〔2016〕81号），2016年12月29日

坚持课堂教学和学校教育的主渠道作用。在中小学设立道德与法治课，有条件的地区和学校可以开设法治教育相关的地方课程和学校课程。

积极开展多种形式的法治教育活动。在开学第一课、班队会、社会实践、毕业仪式等活动中有机融入法治教育内容。

配齐法治教育课教师，在核定的编制总额内，中小学要配备1至2名专任或兼任法治教育课教师。

——以上见《教育部关于印发〈全国教育系统开展法治宣传教育的第七个五年规划（2016—2020年）〉的通知》（教政法〔2016〕15号），2016年7月21日

法治教育要与道德教育相结合，注重以法治精神和法律规范

弘扬社会主义核心价值观，以良法善治传导正确的价值导向，把法律的约束力量、底线意识与道德教育的感化力量、提升精神紧密结合，使青少年理解法治的道德底蕴，牢固树立规则意识、诚信观念、契约精神，尊崇公序良俗，实现法治的育人功能。

青少年法治教育要充分发挥学校主导作用，与家庭、社会密切配合，拓宽教育途径，创新教育方法，实现全员、全程、全方位育人。

学校是实施法治教育的主体，要将法治教育纳入学校总体发展规划和年度工作计划，重点在师资配备、课程实施、经费支持、制度机制等方面予以保障，做好法治教育的落实工作。

——以上见《教育部 司法部 全国普法办关于印发〈青少年法治教育大纲〉的通知》（教政法〔2016〕13号），2016年6月28日

小学阶段要重点开展法律启蒙教育，让学生初步了解宪法、法律的地位和作用，了解未成年人权利的基本内容和未成年人保护的法律法规，具备自我保护的意识，初步掌握自我保护的方法，初步树立规则意识、平等意识、权利义务观念。初中阶段要让学生进一步学习宪法的基本知识，了解法治的精神，理解公民权利与义务的关系，学习与其生活密切相关的民事、刑事、行政管理等方面的法律知识，了解预防未成年人犯罪法的有关内容，养成遵纪守法的习惯，提高依法保护合法权益的意识、能力。高中阶段要让学生形成法律意识和法治观念，懂得法治是治国理政的基本方式，知道法律的功能、作用，了解我国政治、经济、文

化生活等方面的主要法律以及国际法的基本原则、我国批准的重要国际公约。

将法制教育纳入学校总体教育计划。普通中小学要落实好《品德与社会》、《思想品德》、《思想政治》中的法制教育内容。

支持中小学在语文、历史、地理等课程中有针对性地渗透法制教育，在安全、环境保护、禁毒、国防等专题教育中突出法制教育内容。学校可利用新生入学教育、主题班会等形式开展法制教育活动。学校要保证法制教育时间，不得挤占、减少法制教育课时和法制教育活动时间。

增强法制教育的实践性。鼓励学校组织模拟法庭、法制征文、法制绘画等活动。

——以上见《教育部 司法部 中央综治办 共青团中央 全国普法办关于进一步加强青少年学生法制教育的若干意见》（教政法〔2013〕12号），2013年6月13日

中小学生法制教育要以有机渗透在学校教育的各门学科、各个环节、各个方面为主，同时，利用课内课外相结合等方式开展形式多样的专题教育和丰富多彩的课外活动。要重视整合学校、家庭和社会的法制教育资源，发挥整体合力，提高法制教育的实效。

小学的品德与生活、品德与社会等学科，初中的思想品德、历史与社会、地理等学科，高中的思想政治、历史等学科，是法制教育的骨干学科。

语文、生物、体育等学科蕴涵着丰富的与法制教育相联系的内容。教师要在学科教学中结合教学内容，挖掘法制教育因素，

对学生进行法治文明、公平正义、恪守规则等方面的教育。

法制专题教育要与道德教育、心理教育、青春期教育、生命教育紧密结合，与安全、禁毒、预防艾滋病、环境、国防、交通安全、知识产权等专项教育有机整合，使之融为一体。

要充分利用班团队活动、学生社团活动、节日纪念日活动、仪式教育、社会实践活动等多种载体，开展生动活泼的法制教育活动，增强学生依法律己、依法办事的自觉性。

学校教师特别是班主任老师要针对个别学生中出现的违法违纪行为，进行积极的教育和管理。

学校由校长（或分管校长）负责，把法制教育作为教育教学和课程改革的重要内容。除学科课程所占课时外，每学年要根据法制教育的要求和实际情况，结合学校课程实际，安排合理的课时用于法制专题教育活动，法制专题教育的时间纳入学校总体教学计划，确保课时，保证质量。

各地教育行政部门和学校要多方开发和利用校内外丰富的法制教育资源，加强法制教育的软件建设，积极开发图文资料、教学课件、音像制品等教学资源；利用网络、影视、图书馆、爱国主义教育基地等社会资源，丰富法制教育的内容和手段。

——以上见《中宣部 教育部 司法部 全国普及法律常识办公室关于印发〈中小学法制教育指导纲要〉的通知》（教基〔2007〕10号），2007年7月24日

党的十八届四中全会通过的《关于全面推进依法治国若干重大问题的决定》提出，在全社会普遍开展宪法教育，弘扬宪

法精神，并将每年12月4日定为国家宪法日。

中小学要组织开展以下活动：1. 宪法晨读活动，利用晨读时间，选择宪法序言及正文中的适当章节、条款，组织学生集体朗读；2. 举行特别升国旗仪式，了解宪法关于国旗的规定；3. 上一节宪法教育课，围绕宪法学习日主题，以专题教育、社会实践、班队活动、远程学习等形式组织师生集体学习宪法知识；4. 围绕国家宪法日主题，利用校园广播、宣传栏等形式，营造宪法教育氛围；5. 校长要主持一次教职工宪法学习活动或者为学生讲授一次宪法教育课。鼓励有条件的学校在上述活动基础上，采取其他教育方式和教学方法。

——以上见《教育部关于在国家宪法日深入开展宪法学习宣传教育活动的通知》（教政法〔2014〕12号），2014年11月20日

每所学校、幼儿园都要制订防止餐桌浪费的具体办法，并真正落到实处。

各地中小学要组织学生开展以勤俭节约为主题的体验活动。组织学生到节粮、节水、环保等方面的社会实践基地，观察了解节粮节水节能的知识和方法，开展相关研究性学习。

建立健全学校节约教育制度。中小学要在学校管理各个环节体现节约要求，自觉抵制奢侈浪费行为。

校长、教师要以身作则，在勤俭节约方面为学生做出表率。

——以上见《教育部关于在中小学幼儿园广泛深入开展节约教育的意见》（教基一〔2013〕5号），2013年3月21日

主要内容：以立德树人为根本，以学生为中心，加强师德建设，重点围绕领导班子建设、思想道德教育、活动阵地建设、教师队伍建设、校园文化建设、整洁优美环境等方面开展工作。

——以上见《教育部 中央文明办关于深入开展文明校园创建活动的实施意见》（教基一〔2015〕7号），2015年9月22日

各学校要准确把握“三爱”的精神实质和时代内涵，发挥课堂教学主渠道作用，将“三爱”教育贯穿于国民教育全过程。

城市中小学校要在每个学段至少安排一次农业生产劳动和工业体验实习，农村中小学校要普及校园种植养殖，鼓励有条件的地方建立“学校+农户试验田”，让学生获得劳动的切身体验。

——以上见《中共教育部党组关于在全国各级各类学校深入开展“爱学习、爱劳动、爱祖国”教育的意见》（教党〔2013〕25号），2013年8月31日

名言链接

热爱祖国，这是一种最纯洁、最敏锐、最高尚、最强烈、最温柔、最有情、最温存、最严酷的感情。一个真正热爱祖国的人，在各个方面都是一个真正的人。

——苏霍姆林斯基

充分发挥劳动综合育人功能，以劳树德、以劳增智、以劳强体、以劳育美、以劳创新，促进学生德智体美劳全面发展。

落实相关课程。要根据《义务教育课程设置实验方案》和

《普通高中课程方案（实验）》，将国家规定的综合实践活动课程、通用技术课程作为实施劳动教育的重要渠道，开足开好。

各地各校可结合实际在地方和学校课程中加强劳动教育，开设家政、烹饪、手工、园艺、非物质文化遗产等相关课程。在德育、语文、历史等学科教学中加大劳动观念和态度的培养，在物理、化学、生物等学科教学中加大动手操作和劳动技能、职业技能的培养，在其他学科教学和少先队活动课中也应有机融入劳动教育内容。

开展校内劳动。要在学校日常运行中渗透劳动教育，积极组织学生参与校园卫生保洁和绿化美化，普及校园种植。开辟专门区域种植花草树木或农作物，让班级、学生认领绿植或“责任田”，予以精心呵护，有条件的学校可适当开展养殖。大力开展与劳动有关的兴趣小组、社团、俱乐部活动，进行手工制作、电器维修、班务整理、室内装饰、勤工俭学等实践活动。广泛组织以劳动教育为主题的班团队会、劳模报告会、手工劳技展演，提高学生劳动意识。

组织校外劳动。要将校外劳动纳入学校的教育工作计划，小学、初中、高中每个学段都要安排一定时间的农业生产、工业体验、商业和服务业实习等劳动实践。

鼓励家务劳动。教育学生自己事情自己做，家里事情帮着做，弘扬优良家风，参与孝亲、敬老、爱幼等方面的劳动。

——以上见《教育部 共青团中央 全国少工委关于加强中小学劳动教育的意见》（教基一〔2015〕4 号），2015 年 7 月 20 日

名言链接

如果你能成功地选择劳动，并把自己的全部精神灌注到它里面去，那么幸福本身就会找到你。

——乌申斯基

学生志愿服务，是指学生不以获得报酬为目的，自愿奉献时间和智力、体力、技能等，帮助他人、服务社会的公益行为。十周岁以上的未成年学生，经其监护人同意，可以申请为学生志愿者。未成年学生参与志愿服务，根据实际情况应当在其监护人陪同下或者经监护人同意参加志愿服务。

学生志愿服务组织方式包括学校组织开展、学生自行开展两类。中小学生以学校组织开展为主。

学校应安排团委、少先队辅导员等教职员工担任志愿服务负责人，具体负责学生志愿服务的组织、记录、保障工作。

地方和学校应设立学生志愿服务工作专项经费，纳入学校预算管理，专项用于志愿服务组织实施、认定记录、认证表彰、教育培训以及根据需要为学生参加志愿服务购买保险、提供物质保障等。

——以上见《教育部关于印发〈学生志愿服务管理暂行办法〉的通知》（教思政〔2015〕1号），2015年3月16日

学校要制定科学规范的评价制度，以日常服务记录、组织评价、服务对象评价为主要依据，对中学生志愿服务工作进行综合评价。学生参与志愿服务情况应纳入综合素质评价，学生志愿服

务记录应如实完整归入学生综合素质档案。可将学生完成志愿服务活动情况纳入综合实践课程学分管理。

在校内设立志愿服务岗，拓展校级、班级志愿服务项目。

鼓励将志愿服务内容纳入地方课程或校本课程。

各中学普遍成立校级志愿者组织，学校团组织统筹本校学生志愿者具体工作；学校党政领导担任学生志愿服务工作总负责人，学校团组织书记担任校级志愿者组织负责人。

——以上见《共青团中央 教育部关于印发〈关于加强中学生志愿服务工作的实施意见〉的通知》（中青联发〔2016〕9号），2016年6月1日

名言链接

劳动创造世界。

——马克思

2014年8月31日，第十二届全国人民代表大会常务委员会第十次会议作出关于设立烈士纪念日的决定，将9月30日设立为烈士纪念日。

一、组织参加公祭烈士活动。

二、组织开展寻访烈士足迹活动。

三、营造学习烈士精神的浓厚氛围。

——以上见《中共教育部党组关于开展烈士纪念日纪念活动的通知》（教党〔2014〕33号），2014年9月25日

开展中华优秀传统文化教育的主要内容

——开展以天下兴亡、匹夫有责为重点的家国情怀教育。

——开展以仁爱共济、立己达人为重点的社会关爱教育。

——开展以正心笃志、崇德弘毅为重点的人格修养教育。

分学段有序推进中华优秀传统文化教育

小学低年级，以培育学生对中华优秀传统文化的亲切感为重点，开展启蒙教育，培养学生热爱中华优秀传统文化的感情。

小学高年级，以提高学生对中华优秀传统文化的感受力为重点，开展认知教育，了解中华优秀传统文化的丰富多彩。

初中阶段，以增强学生对中华优秀传统文化的理解力为重点，提高对中华优秀传统文化的认同度，引导学生认识我国统一多民族国家的文化传统和基本国情。

高中阶段，以增强学生对中华优秀传统文化的理性认识为重点，引导学生感悟中华优秀传统文化的精神内涵，增强学生对中华优秀传统文化的自信心。

把中华优秀传统文化教育系统融入课程和教材体系

在课程建设和课程标准修订中强化中华优秀传统文化内容。鼓励各地各学校充分挖掘和利用本地中华优秀传统文化教育资源，开设专题的地方课程和校本课程。面向各级各类学校重点建设一批中华优秀传统文化精品视频公开课。加强中华优秀传统文化相关学科建设。

修订相关教材和组织编写中华优秀传统文化普及读物。制作内容精、形式活、受欢迎的数字化课件。

促进思想政治教育与中华优秀传统文化教育的紧密结合，以爱国主义教育为核心，深入挖掘中华优秀传统文化中蕴含的丰富思想政治教育资源。

打造一支中华优秀传统文化教育骨干队伍。在中小学教师资格考试内容中增加中华优秀传统文化的比重。

建设不断适应时代需要的中华优秀传统文化网络教育平台。利用好现有全国文化资源共享工程、公共电子阅览室建设工程、数字图书馆推广计划等数字文化惠民工程的数据资源成果，推动优秀传统文化网络传播，制作适合互联网、手机等新兴媒体传播的传统文化精品佳作。选取一批有代表性的中华优秀传统文化经典诗文，建设“中华经典资源库”。

加强中华优秀传统文化校园教育活动。利用学校博物馆、校史馆、图书馆、档案馆等，结合校史、院史、学科史和人物史的挖掘、整理和研究，发挥其独特的文化育人作用。依托少先队、共青团、学生党支部、学生会、学生社团等，开展主题教育、理论研讨、社会实践、志愿服务、文艺体育等形式多样、丰富多彩的活动。

构建互为补充、相互协作的中华优秀传统文化教育格局。充分利用博物馆、纪念馆、文化馆（站）、图书馆、美术馆、音乐厅、剧院、故居旧址、名胜古迹、文化遗产、具有历史文化风貌的街区等，组织学生进行实地考察和现场教学，建立中小学生定期参观博物馆、纪念馆、遗址等公共文化机构的长效机制。

充分发挥家庭在中华传统文化教育中的重要作用。要重视发挥中小学家长委员会以及各级各类家长学校、家庭教育指导机构、校外活动场所的作用，把学校教育与家庭教育紧密结合起来，积极组织开展学生和家长共同参与的传统文化体验、主题教育实践活动、志愿者服务和公益性活动，践行中华优秀传统美德，弘扬中华优秀传统文化。

鼓励各地各校组织专门力量，加强中华优秀传统文化研究机构建设，为学校和教师提供专业服务和指导。

——以上见《教育部关于印发〈完善中华优秀传统文化教育指导纲要〉的通知》（教社科〔2014〕3号），2014年3月26日

传统节日中所蕴含的民族文化的优秀传统，是对青少年进行思想道德教育的宝贵资源。要把传统节日蕴含的中华民族传统美德，纳入学生日常行为习惯养成教育体系，同学生的日常思想品德教育和管理紧密结合起来。

——以上见《中宣部 中央文明办 教育部 民政部 文化部关于运用传统节日弘扬民族文化的优秀传统的意见》（文明办〔2005〕11号），2005年6月17日

要将心理健康教育与班主任工作、班团队活动、校园文体活动、社会实践活动等有机结合，充分利用网络等现代信息技术手段，多种途径开展心理健康教育。

建立心理辅导室。心理辅导室是心理健康教育教师开展个别辅导和团体辅导，指导帮助学生解决在学习、生活和成长中出现的问题，排解心理困扰的专门场所，是学校开展心理健康教育的

重要阵地。

学校要帮助家长树立正确的教育观念，了解和掌握孩子成长的特点、规律以及心理健康教育的方法，加强亲子沟通，注重自身良好心理素质的养成，以积极健康和谐的家庭环境影响孩子。

充分利用校外教育资源开展心理健康教育。学校要加强与基层群众性自治组织、企事业单位、社会团体、公共文化机构、街道社区以及青少年校外活动场所等的联系和合作，组织开展各种有益于中小学生身心健康的文体娱乐活动和心理素质拓展活动，拓宽心理健康教育的途径。

每所学校至少配备一名专职或兼职心理健康教育教师，并逐步增大专职人员配比，其编制从学校总编制中统筹解决。心理健康教育教师享受班主任同等待遇。

——以上见《教育部关于印发〈中小学心理健康教育指导纲要（2012 年修订）〉的通知》（教基一〔2012〕15 号），2012 年 12 月 7 日

落实时间和经费保障。各地各校要充分利用德育课、晨会、班团队会、综合实践活动等时间，以及其他开展集体教育活动时间，对学生进行时事教育。要提供必要的经费，确保时事教育活动的顺利开展。

——以上见《中共中央宣传部办公厅 教育部办公厅关于进一步加强中小学时事教育的意见》（教基一厅〔2012〕4 号），2012 年 2 月 23 日

让学生掌握基本的谈吐、举止、服饰等个人礼仪，以及在家庭、校园、公共场所等社会生活领域的交往礼仪。

学校要始终坚持育人为本，德育为先，将文明礼仪教育贯穿于学校教育全过程，注重提高文明礼仪教育的针对性和实效性。

——以上见《教育部关于印发〈中小学文明礼仪教育指导纲要〉的通知》(教基一〔2010〕7号)，2010年12月30日

名言链接

教育是什么？往简单方面说，只须一句话，就是要养成良好的习惯。

——叶圣陶

民族团结教育课程是根据国家统一要求列入地方课程实施的重要专项教育，是学校教育的组成部分。

中小学要设置专门的民族团结教育课程。

未经审定的有关民族团结教育方面的资料、图书、音像等一律不得进入学校。

——以上见《教育部办公厅 国家民委办公厅关于印发〈学校民族团结教育指导纲要（试行）〉的通知》(教民厅〔2008〕9号)，2008年11月26日

充分发挥课堂教学的主渠道作用，扎实推进民族团结教育进教材、进课堂、进学生头脑。

中小学要组织开展生动活泼的民族团结体验活动。

——以上见《中宣部 教育部 国家民委关于在学校开展民族团结教育活动的通知》（教思政〔2009〕10号），2009年8月20日

深入推进民族团结教育进学校、进课堂、进头脑，在全国小学高年级、初中开设民族团结教育专题课，在普通高中思想政治课程中强化民族团结教育内容。

在民族地区与支援省市之间，建立各族学生交流交往平台，通过开展“手拉手心连心”、主题夏令营以及互相考察学习等活动，增进相互了解，相互学习，相互帮助。在内地民族班开展走班制等多种教学管理模式试点，探索推进混班教学、混合住宿，鼓励少数民族学生积极参加学校社团组织和文体活动，组织开展当地学生与内地民族班学生之间互帮互学、友好班级等活动，促进内地民族班学生尽快融入当地学习、生活。

——以上见《国务院关于加快发展民族教育的决定》（国发〔2015〕46号），2015年8月11日

遵循学校教育教学规律和青少年学生成长成才规律，结合大中小学思想道德教育的整体规划，积极推进廉洁教育进课堂、进校园、进学生头脑，立足当前、着眼长远，因势利导、循序渐进，不断增强廉洁教育的针对性实效性和吸引力感染力，培养青少年学生正确的价值观念和高尚的道德情操。

——以上见《教育部办公厅关于在大中小学开展廉洁教育

试点工作的意见》（教社政厅〔2005〕3号），2005年7月1日

名言链接

道德普遍地被认为是人类的最高目的，因此也是教育的最高目的。

——赫尔巴特

学校也应制订班主任培训计划，有组织地开展岗前和岗位培训，定期交流班主任工作经验，组织班主任进行社会考察，提高班主任的政治素质、业务素质、心理素质和工作及研究能力。教师教育机构要承担班主任的培训任务。

中小学校应积极推荐优秀班主任加入党组织，优秀班主任应列入学校党政后备干部培养范围。

学校领导要经常研究班主任工作，了解班主任的工作表现，规范班主任的行为。学校应建立班主任工作档案，定期考核班主任工作，考核结果作为班主任和教师聘任、奖励、职务晋升的重要依据。对不能履行班主任职责的，应调离班主任岗位。

——以上见《教育部关于进一步加强中小学班主任工作的意见》（教基〔2006〕13号），2006年6月4日

中小学每个班级应当配备一名班主任。

聘期由学校确定，担任一个班级的班主任时间一般应连续1学年以上。

班主任工作量按当地教师标准课时工作量的一半计入教师基

本工作量。各地要合理安排班主任的课时工作量，确保班主任做好班级管理工作。

班主任津贴纳入绩效工资管理。在绩效工资分配中要向班主任倾斜。对于班主任承担超课时工作量的，以超课时补贴发放班主任津贴。

——以上见《教育部关于印发〈中小学班主任工作规定〉的通知》（教基一〔2009〕12号），2009年8月12日

名言链接

教育者，非为已往，非为现在，而专为将来。

——蔡元培

案例选编

1. 江苏兴化昭阳湖初中：社会主义核心价值观融入课程纪实

江苏省兴化市昭阳湖初级中学沿着“用特色文化引领特色课程，以特色课程支撑特色文化，继而打造特色学校”的思路，学校一班人立足于学生发展核心素养的培养，围绕“和融竞进”的校训和“外圆内方、和而不同”的育人目标，探索出包含家国情怀课程(和)、国际理解课程（融)、基础性课程（竞)、个性化需求课程(进) 四大模块十二个种类的“和竞生命发展课程体系”。

针对社会主义核心价值观在校园中的践行难题，学校依托综合实践活动课程践行社会主义核心价值观，进行“依托综合实践活动课程培养初中生社会主义核心价值观策略研究”省级课题的研究，力争让核心价值观进课程、进头脑、进实践，将社会主义核心价值观融入教育教学的全过程。他们还认真总结，出版了《臻善》一书，全面推介学校依托综合实践活动课程践行社会主义核心价值观的策略。

同时，昭阳湖初中还在“和融竞进”的校训精神的引领下，开展了各式各样的教育活动：利用升旗仪式、班会、主题报告等形式，加强文明礼仪教育；运用“跳蚤市场”、体育周、艺术周举行各项比赛，让学生形成竞争意识；不断加强学生干部队伍建设，加强学生会、志愿者、团队干部培训以及社会实践活动组织管理等。这些为实现学生的自我管理、自我教育、自我完善、终身发展提供了良好的平台。

——原载于：《新华日报》，2016 年 7 月 27 日第 18 版，有改动

2. 山东青岛十七中：发挥课堂主渠道作用，实现全科育人

山东省青岛第十七中学坚持以社会主义核心价值观为引领，以德育课程一体化建设为主线，以加强学生思想品德教育和发展学生潜能为重点，以课堂教学为主渠道，加强育德励志教育实践活动，培育学生正确的道德观和良好的道德行为习惯。

发挥课堂主渠道作用，深入挖掘学科德育资源，切实发挥学科德育实效

近年来，从学科教学走向学科教育成为该校课程改革的核心，全科德育、全程德育成为根本目标。语文学科提出打造绿色语文课堂的目标，追求学科德育的润物无声，如开展诵读国学经典等活动。政治学科开展“主题情景教学常态化”研究，通过真实情景活跃课堂，如模拟人大会议等。历史学科的爱国主义教育，生物、化学等学科的生命教育，数学、物理等学科的科学精神教育，艺术学科的尚美尚德教育，体育、心理等学科的健美教育、健康品质教育等无不以激励主体参与、唤醒主体情感为出发点，达到了理想的育人效果。

实施学科德育有效延伸，搭建学科德育拓展平台，构建全方位学科育人体系

该校的课外活动课、校本课程、社会实践课程都立足于迁移知识与能力，激励学生实践与创造。该校语文教研组牵头举办的诗歌节、读书节、辩论赛，技术、音体美学科组牵头组织

的科技节、艺术节、体育节，学生自发创建的感恩节、班主任节、风采大赛以及各学科创办的学科周活动，简称“六节两赛一周”。

制定全员育人政策保障，提升学科教师育人能力

该校推行“全员育人导师制”“教师一岗双责制”，构建“全员育人、全科育人、全程育人”的德育工作格局。各班对学生进行科学合理的分组，每组由一名任课教师担任导师，负责日常对学生进行“思想上引导、心理上疏导、生活上指导、学习上辅导”。

——原载于：中华人民共和国教育部网站，2016 年 5 月 25 日，有改动

3. 西藏拉萨中学：继承发扬拉中精神，培育民族团结之花

西藏自治区拉萨中学成立于 1956 年 9 月，是党和政府在西藏建立的第一所民族中学。在风雨兼程的艰辛探索中，学校积淀起深厚的民族教育文化底蕴，凝练出“爱国、团结、创新、奉献”的拉中精神，成长为西藏基础教育的排头兵。

加强民族团结教育的组织领导。学校民族团结教育工作由校党委书记、校长总负责，政教科具体组织实施，根据各年级不同特点，把民族团结教育内容分解后，由各年级班主任具体操作，校团委、学生会大力配合开展工作。各支部、校工会主抓教师的民族团结教育工作。

规范民族团结教育工作模式。在民族团结教育过程中，学校逐渐形成了“一制定、二学习、三调研、四垂范”的工作模式，

即学校专门制定《拉萨中学民族团结教育活动实施办法》，把民族团结教育内容纳入各项工作计划、活动、考评过程；学校领导组织党员干部每年集中认真学习“四观两论”以及党的各项民族政策三次；每学年由办公室、政教科牵头，开展全校问卷调查、师生座谈会等调研活动一次；学校各级领导在工作中率先垂范，做民族团结的楷模。

实现教育内容具体化、教育形式多样化。为把党的民族政策真正落到实处，学校把民族团结教育内容具体化为6个主题：针对西藏的特殊情况，始终把“反对分裂、维护稳定、促进发展”主题教育工作放在首位；加强“四观两论”教育，促进师生树立正确的马克思主义祖国观、民族观、宗教观、文化观；加强“三个离不开”教育，不断提高学生对我国统一的多民族社会主义大家庭的认识；注重先进文化的教育，提高师生文化素养；注重中华各民族历史的教育，加深师生对民族团结的必要性和重要性的认识；开展具有民族特色的文体活动，促使各民族师生间的文化认同与文化欣赏。

为使民族团结教育活动见实效、结硕果，学校采用了一系列既丰富生动又灵活多样的教育形式，如每年的“3·28”百万农奴解放纪念日主题活动、每学期一次的“反对分裂、维护稳定、促进发展”活动、民族文化文艺会演、国家对西藏的大型援建项目参观、西藏展览馆参观、西藏军区军史馆参观以及各类社会实践活动等。

——摘编自：教育部组织的全国中小学德育工作优秀案例

4. 新疆克州一中：让“大德育”化为“小水滴”

从2014年秋季开始，新疆维吾尔自治区克孜勒苏柯尔克孜自治州第一中学尝试把德育细化为一个个短短的“3分钟”，并分解到每节课正式上课之前。据克州一中党委书记李学银介绍，“课前3分钟”德育的最大特点是：不讲空话，用故事和事实告诉学生道理，形象生动，文字配画面增强说服力，把“大德育”化身为“小水滴”，改“大水漫灌”为“精准滴灌”。“课前3分钟”涉及的内容也十分丰富，包括科学知识、感恩教育、名人典故、我的中国梦、感动中国、讲评时事、国家法律法规、生活常识、教育改革与发展等，“个个都充满正能量”。

克州一中把“课前3分钟”德育模式纳入教学计划，纳入教师教案来管理，每个星期学校审核一次教案。把原本属于教师的自我行为变为学校层面的政策规定，从而把“课前3分钟”德育模式固定下来。人人都是德育教师，人人浇灌德育之花。

如今在克州一中，如果有老师没上“课前3分钟”就直接上课的话，不仅会被学生投诉，还会遭到学生质疑。高二学生热合买提江·阿不都对记者说：“‘课前3分钟’德育已经深深地‘长’在我心里了，就像每天要吃饭一样，一顿不吃就会饿。”

“课前3分钟”德育在该校的创新和成功实践，让克州教育局看到了中小学德育工作的新路径，决定在全州中小学全面推广，从小学一年级一直到高中三年级，12年不断线。

——原载于：《中国教育报》，2016年4月27日第3版，有删减

第二章
聚焦课程教学改革

本章导读

课程是教育思想、教育目标和教育内容的实现载体，集中体现国家意志和社会主义核心价值观，是学校教育教学活动的基本支撑，直接影响人才培养质量。校长对课程与教学改革的关注程度、实践程度，决定着学校的品质，决定着党的教育方针的贯彻程度。中小学校长必须不断提升课程领导力，努力构建多样化、可选择、校本化的课程体系，全面深化课程改革，全面推进课堂教学改革，充分满足每一位学生发展的需求。

要点摘编

学校和教师按照确定的教育教学内容和课程设置开展教育教学活动，保证达到国家规定的基本质量要求。

国家鼓励学校和教师采用启发式教育等教育教学方法，提高教育教学质量。

——以上见《中华人民共和国义务教育法》（中华人民共和国主席令第五十二号），2006 年 6 月 29 日

国家鼓励开展教育对外交流与合作，支持学校及其他教育机构引进优质教育资源，依法开展中外合作办学，发展国际教育服务，培养国际化人才。

——以上见《全国人民代表大会常务委员会关于修改〈中华人民共和国教育法〉的决定》（中华人民共和国主席令第三十九号），2015 年 12 月 27 日

课程改革的目标

新课程的培养目标应体现时代要求。要使学生具有爱国主义、集体主义精神，热爱社会主义，继承和发扬中华民族的优秀传统和革命传统；具有社会主义民主法制意识，遵守国家法律和社会公德；逐步形成正确的世界观、人生观、价值观；具有社会责任感，努力为人民服务；具有初步的创新精神、实践能力、科学和人文素养以及环境意识；具有适应终身学习的基础知识、基本技能和方法；具有健壮的体魄和良好的心理素质，养成健康的

审美情趣和生活方式，成为有理想、有道德、有文化、有纪律的一代新人。

改变课程过于注重知识传授的倾向，强调形成积极主动的学习态度，使获得基础知识与基本技能的过程同时成为学会学习和形成正确价值观的过程。

改变课程结构过于强调学科本位、科目过多和缺乏整合的现状，整体设置九年一贯的课程门类和课时比例，设置综合课程，以适应不同地区和学生发展的需求，体现课程结构的均衡性、综合性和选择性。

改变课程实施过于强调接受学习、死记硬背、机械训练的现状，倡导学生主动参与、乐于探究、勤于动手，培养学生搜集和处理信息的能力、获取新知识的能力、分析和解决问题的能力，以及交流与合作的能力。

改变课程评价过分强调甄别与选拔的功能，发挥评价促进学生发展、教师提高和改进教学实践的功能。

改变课程管理过于集中的状况，实行国家、地方、学校三级课程管理，增强课程对地方、学校及学生的适应性。

课程标准

义务教育课程标准应适应普及义务教育的要求，让绝大多数学生经过努力都能够达到，体现国家对公民素质的基本要求，着眼于培养学生终身学习的愿望和能力。

普通高中课程标准应在坚持使学生普遍达到基本要求的前提下，有一定的层次性和选择性，并开设选修课程，以利于学生获得更多的选择和发展的机会，为培养学生的生存能力、实践能力和创造能力打下良好的基础。

课程管理

学校在执行国家课程和地方课程的同时，应视当地社会、经济发展的具体情况，结合本校的传统和优势、学生的兴趣和需要，开发或选用适合本校的课程。

——以上见《教育部关于印发〈基础教育课程改革纲要（试行）〉的通知》（教基〔2001〕17号），2001年6月8日

战略主题

坚持能力为重。优化知识结构，丰富社会实践，强化能力培养。着力提高学生的学习能力、实践能力、创新能力，教育学生学会知识技能，学会动手动脑，学会生存生活，学会做人做事，促进学生主动适应社会，开创美好未来。

坚持全面发展。全面加强和改进德育、智育、体育、美育。坚持文化知识学习与思想品德修养的统一、理论学习与社会实践的统一、全面发展与个性发展的统一。

减轻中小学生课业负担

学校要把减负落实到教育教学各个环节，给学生留下了解社会、深入思考、动手实践、健身娱乐的时间。提高教师业务素质，改进教学方法，增强课堂教学效果，减少作业量和考试次数。严格执行课程方案，不得增加课时和提高难度。

创新人才培养模式

注重学思结合。倡导启发式、探究式、讨论式、参与式教学，帮助学生学会学习。激发学生的好奇心，培养学生的兴趣爱

好，营造独立思考、自由探索、勇于创新的良好环境。

注重知行统一。坚持教育教学与生产劳动、社会实践相结合。开发实践课程和活动课程，增强学生科学实验、生产实习和技能实训的成效。

注重因材施教。关注学生不同特点和个性差异，发展每一个学生的优势潜能。推进分层教学、走班制、学分制、导师制等教学管理制度改革。

——以上见《中共中央 国务院关于印发〈国家中长期教育改革和发展规划纲要（2010—2020年）〉的通知》（中发〔2010〕12号），2010年7月8日

名言链接

不愤不启，不悱不发，举一隅不以三隅反，则不复也。

——孔子

愤者，心求通而未得之意；悱者，口欲言而未能之貌。启，谓开其意；发，谓达其辞。

——朱熹

在达到国家规定的基础教育基本质量要求的前提下，有条件的地区和学校可逐步提高地方课程和学校课程的设置比例。

把教学改革作为深化课程改革的核心环节，使新课程的理念和要求落实到课堂教学中。要以各学科课程标准为依据组织教学。要遵循学生认知规律和教学规律，根据学生的个性差异因材施教。创设有利于学生积极参与的教学环境，保护学生的好奇心

和求知欲，鼓励学生独立思考、主动学习。积极推进现代信息技术在教学中的科学应用，提高学生在信息技术环境中的学习能力。鼓励教师积极探索和实验，形成不同的教学风格和特色。

——以上见《教育部关于深化基础教育课程改革 进一步推进素质教育的意见》（教基二〔2010〕3号），2010年4月27日

坚持系统设计，整体规划育人各个环节的改革，整合利用各种资源，统筹协调各方力量，实现全科育人、全程育人、全员育人。

发挥学校的主渠道作用，加强课堂教学、校园文化建设和社团组织活动的密切联系，促进家校合作，广泛利用社会资源，科学设计和安排课内外、校内外活动，营造协调一致的良好育人环境。

各级各类学校要从实际情况和学生特点出发，把核心素养和学业质量要求落实到各学科教学中。

要在发挥各学科独特育人功能的基础上，充分发挥学科间综合育人功能，开展跨学科主题教育教学活动，将相关学科的教育内容有机整合，提高学生综合分析问题、解决问题能力。充分利用现代信息技术手段，改进教学方式，适应学生个性化学习需求。中小学要探索把课堂教学与社区服务、研究性学习与社会实践相结合的途径和方法。

——以上见《教育部关于全面深化课程改革 落实立德树人根本任务的意见》（教基二〔2014〕4号），2014年3月30日

义务教育课程设置及比例

<table>
<tr><td rowspan="2"></td><td colspan="9">年 级</td><td rowspan="2">九年课时总计（比例）</td></tr>
<tr><td>一</td><td>二</td><td>三</td><td>四</td><td>五</td><td>六</td><td>七</td><td>八</td><td>九</td></tr>
<tr><td rowspan="9">课程门类</td><td>品德与生活</td><td>品德与生活</td><td>品德与社会</td><td>品德与社会</td><td>品德与社会</td><td>品德与社会</td><td>思想品德</td><td>思想品德</td><td>思想品德</td><td>7%～9%</td></tr>
<tr><td></td><td></td><td></td><td></td><td></td><td></td><td colspan="3">历史与社会（或选择历史、地理）</td><td>3%～4%</td></tr>
<tr><td></td><td></td><td>科学</td><td>科学</td><td>科学</td><td>科学</td><td colspan="3">科学（或选择生物、物理、化学）</td><td>7%～9%</td></tr>
<tr><td>语文</td><td>语文</td><td>语文</td><td>语文</td><td>语文</td><td>语文</td><td>语文</td><td>语文</td><td>语文</td><td>20%～22%</td></tr>
<tr><td>数学</td><td>数学</td><td>数学</td><td>数学</td><td>数学</td><td>数学</td><td>数学</td><td>数学</td><td>数学</td><td>13%～15%</td></tr>
<tr><td></td><td></td><td>外语</td><td>外语</td><td>外语</td><td>外语</td><td>外语</td><td>外语</td><td>外语</td><td>6%～8%</td></tr>
<tr><td>体育</td><td>体育</td><td>体育</td><td>体育</td><td>体育</td><td>体育</td><td>体育与健康</td><td>体育与健康</td><td>体育与健康</td><td>10%～11%</td></tr>
<tr><td colspan="9">艺　术
（或选择音乐、美术）</td><td>9%～11%</td></tr>
<tr><td colspan="2"></td><td colspan="7">综　合　实　践　活　动</td><td rowspan="2">16%～20%</td></tr>
<tr><td></td><td colspan="9">地方与学校课程</td></tr>
<tr><td>周总课时数（节）</td><td>26</td><td>26</td><td>30</td><td>30</td><td>30</td><td>30</td><td>34</td><td>34</td><td>34</td><td>274</td></tr>
<tr><td>学年总课时（节）</td><td>910</td><td>910</td><td>1050</td><td>1050</td><td>1050</td><td>1050</td><td>1190</td><td>1190</td><td>1122</td><td>9522</td></tr>
</table>

注：1. 表格内为各门课的周课时数，九年总课时按每学年 35 周上课时间计算。

2. 综合实践活动主要包括：信息技术教育、研究性学习、社区服务与社会实践以及劳动与技术教育。

——以上见《教育部关于印发〈义务教育课程设置实验方

案〉的通知》（教基〔2001〕28号），2001年11月19日

小学科学课程起始年级调整为一年级。在我部组织修订《义务教育课程设置实验方案》前，原则上要按照小学一、二年级每周不少于1课时安排课程，三至六年级的课时数保持不变。

各地要引导教师落实学生发展核心素养要求，依据课程标准组织教学。要重视实验教学，努力创设适宜的学习环境，促进学生积极参与、主动探究，引导学生做好每一个实验。

——以上见《教育部关于印发〈义务教育小学科学课程标准〉的通知》（教基二〔2017〕2号），2017年1月19日

认真执行国家课程方案，严格遵循教育规律，不随意提高教学难度，不组织学生参加各种有违教育规律的竞赛和不当竞争，不占用学生法定休息时间加班加点或集体补课。

——以上见《教育部关于当前加强中小学管理规范办学行为的指导意见》（教基一〔2009〕7号），2009年4月22日

实施学历教育的营利性民办学校应当按照国家规定设置专业、开设课程、选用教材。营利性民办幼儿园应当依据国家和地方有关规定科学开展保育和教育活动。

——以上见《教育部 人力资源社会保障部 工商总局关于印发〈营利性民办学校监督管理实施细则〉的通知》（教发〔2016〕20号），2016年12月30日

鼓励学校开展教育教学改革实验，努力办出特色、办出水平，为每位学生提供适合的教育。

学校要认真落实新修订的义务教育课程标准，不得随意提高课程难度，不得挤占体育、音乐、美术、综合实践活动及班会、少先队活动的课时，科学合理安排学生作息时间。

——以上见《国务院关于深入推进义务教育均衡发展的意见》（国发〔2012〕48号），2012年9月5日

优化教学管理，提高教学质量。重点督导学校执行国家课程方案和学科课程标准，开足开好规定课程；开展课程和教学改革，促进德育、智育、体育、美育有机结合；改进教学方式，创新教学方法，注重因材施教，增强教学效果；合理安排学生作息和锻炼，切实减轻过重课业负担等情况。

——以上见《教育部关于进一步加强中小学校督导评估工作的意见》（教督〔2012〕9号），2012年9月5日

积极组织开展教研活动和教学改革，建立完善促进学生全面发展的教育教学评价制度，不片面追求学生考试成绩和升学率。

认真落实义务教育课程标准，切实减轻学生过重课业负担，不得随意提高课程难度，不得挤占体育、音乐、美术及少先队活动等课程的课时，确保学生每天一小时校园体育活动。

——以上见《教育部关于印发〈义务教育学校校长专业标准〉的通知》（教师〔2013〕3号），2013年2月4日

尊重教师的教学经验和智慧，重视课程教学研究，积极推进教学改革与创新。

熟悉中小学课程政策，了解国内外高中课程教学改革的经验和发展动态。

开齐、开足国家规定的各类必修和相关选修课程，确保体育、艺术、技术、综合实践活动等课程的实施，加强法治教育，关注学生心理健康和青春期教育，合理安排作业，不得违规补课和增加课时，切实减轻学生过重的课业负担。

——以上见《教育部关于印发〈普通高中校长专业标准〉〈中等职业学校校长专业标准〉〈幼儿园园长专业标准〉的通知》（教师〔2015〕2号），2015年1月10日

坚持全面考核，促进学生完成国家规定的各门课程的学习。坚持自主选择，为每个学生提供更多的选择机会，促进学生发展学科兴趣与个性特长。

严格落实普通高中课程方案，合理安排教学进度，严禁压缩课程授课时间，开齐开足综合实践活动、技术、艺术（或音乐、美术）、体育等课程。学生学完必修内容参加合格性考试后，学校要开设相应的选修课，供有需要的学生选择学习。高中学校要对学生综合实践活动课程完成情况进行考查，确保完成必修学分。要加强学生生涯规划指导。调整教学组织方式，满足学生选学的需要，把走班教学落到实处。

——以上见《教育部关于普通高中学业水平考试的实施意

见》（教基二〔2014〕10号），2014年12月10日

推动学校多样化有特色发展。深化普通高中课程改革，加强选修课程建设，充分利用校外教育资源拓展校内课程的广度和深度，增强课程的选择性和适宜性。建立学生发展指导制度，加强对学生课程选择、升学就业等方面的指导。推进学校教育质量综合评价改革，改变单纯以升学率评价教育质量的倾向。

——以上见《教育部等四部门关于印发〈高中阶段教育普及攻坚计划（2017—2020年）〉的通知》（教基〔2017〕1号），2017年3月24日

综合实践活动是从学生的真实生活和发展需要出发，从生活情境中发现问题，转化为活动主题，通过探究、服务、制作、体验等方式，培养学生综合素质的跨学科实践性课程。

小学阶段具体目标

（1）价值体认：通过亲历、参与少先队活动、场馆活动和主题教育活动，参观爱国主义教育基地等，获得有积极意义的价值体验。理解并遵守公共空间的基本行为规范，初步形成集体思想、组织观念，培养对中国共产党的朴素感情，为自己是中国人感到自豪。

（2）责任担当：围绕日常生活开展服务活动，能处理生活中的基本事务，初步养成自理能力、自立精神、热爱生活的态度，具有积极参与学校和社区生活的意愿。

（3）问题解决：能在教师的引导下，结合学校、家庭生活中的现象，发现并提出自己感兴趣的问题。能将问题转化为研究小课题，体验课题研究的过程与方法，提出自己的想法，形成对问题的初步解释。

（4）创意物化：通过动手操作实践，初步掌握手工设计与制作的基本技能；学会运用信息技术，设计并制作有一定创意的数字作品。运用常见、简单的信息技术解决实际问题，服务于学习和生活。

初中阶段具体目标

（1）价值体认：积极参加班团队活动、场馆体验、红色之旅等，亲历社会实践，加深有积极意义的价值体验。能主动分享体验和感受，与老师、同伴交流思想认识，形成国家认同，热爱中国共产党。通过职业体验活动，发展兴趣专长，形成积极的劳动观念和态度，具有初步的生涯规划意识和能力。

（2）责任担当：观察周围的生活环境，围绕家庭、学校、社区的需要开展服务活动，增强服务意识，养成独立的生活习惯；愿意参与学校服务活动，增强服务学校的行动能力；初步形成探究社区问题的意识，愿意参与社区服务，初步形成对自我、学校、社区负责任的态度和社会公德意识，初步具备法治观念。

（3）问题解决：能关注自然、社会、生活中的现象，深入思考并提出有价值的问题，将问题转化为有价值的研究课题，学会运用科学方法开展研究。能主动运用所学知识理解与解决问题，并做出基于证据的解释，形成基本符合规范的研究报告或其他形式的研究成果。

（4）创意物化：运用一定的操作技能解决生活中的问题，将一定的想法或创意付诸实践，通过设计、制作或装配等，制作和不断改进较为复杂的制品或用品，发展实践创新意识和审美意识，提高创意实现能力。通过信息技术的学习实践，提高利用信息技术进行分析和解决问题的能力以及数字化产品的设计与制作能力。

高中阶段具体目标

（1）价值体认：通过自觉参加班团活动、走访模范人物、研学旅行、职业体验活动、组织社团活动，深化社会规则体验、国家认同、文化自信，初步体悟个人成长与职业世界、社会进步、国家发展和人类命运共同体的关系，增强根据自身兴趣专长进行生涯规划和职业选择的能力，强化对中国共产党的认识和感情，具有中国特色社会主义共同理想和国际视野。

（2）责任担当：关心他人、社区和社会发展，能持续地参与社区服务与社会实践活动，关注社区及社会存在的主要问题，热心参与志愿者活动和公益活动，增强社会责任意识和法治观念，形成主动服务他人、服务社会的情怀，理解并践行社会公德，提高社会服务能力。

（3）问题解决：能对个人感兴趣的领域开展广泛的实践探索，提出具有一定新意和深度的问题，综合运用知识分析问题，用科学方法开展研究，增强解决实际问题的能力。能及时对研究过程及研究结果进行审视、反思并优化调整，建构基于证据的、具有说服力的解释，形成比较规范的研究报告或其他形式的研究成果。

（4）创意物化：积极参与动手操作实践，熟练掌握多种操作技能，综合运用技能解决生活中的复杂问题。增强创意设计、动手操作、技术应用和物化能力。形成在实践操作中学习的意识，提高综合解决问题的能力。

活动方式

综合实践活动的主要方式及其关键要素为：

考察探究。考察探究的关键要素包括：发现并提出问题；提出假设，选择方法，研制工具；获取证据；提出解释或观念；交流、评价探究成果；反思和改进。

社会服务。社会服务的关键要素包括：明确服务对象与需要；制订服务活动计划；开展服务行动；反思服务经历，分享活动经验。

设计制作。设计制作的关键要素包括：创意设计；选择活动材料或工具；动手制作；交流展示物品或作品，反思与改进。

职业体验。职业体验的关键要素包括：选择或设计职业情境；实际岗位演练；总结、反思和交流经历过程；概括提炼经验，行动应用。

综合实践活动除了以上活动方式外，还有党团队教育活动、博物馆参观等。在活动设计时可以有所侧重，以某种方式为主，兼顾其他方式；也可以整合方式实施，使不同活动要素彼此渗透、融合贯通。要充分发挥信息技术对于各类活动的支持作用，有效促进问题解决、交流协作、成果展示与分享等。

课程实施

作为综合实践活动课程实施的主体，学校要明确实施机构及人员、组织方式等，加强过程指导和管理，确保课程实施到位。

小学1—2年级，平均每周不少于1课时；小学3—6年级和初中，平均每周不少于2课时；高中执行课程方案相关要求，完成规定学分。要处理好课内与课外的关系，合理安排时间并拓展学生的活动空间与学习场域。

课程管理与保障

各地和学校明确综合实践活动课程教师考核要求和办法，科学合理地计算教师工作量，将指导学生综合实践活动的工作业绩作为教师职称晋升和岗位聘任的重要依据，对取得显著成效的指导教师给予表彰奖励。

——以上见《教育部关于印发〈中小学综合实践活动课程指导纲要〉的通知》（教材〔2017〕4号），2017年9月25日

各级教育行政部门和学校必须保证民族团结教育课程的时间安排，小学和初中阶段每学年要保证10—12个学时的教学活动时间，高中阶段的普通高中每学年保证8—10个学时的教学活动时间。

——以上见《教育部办公厅 国家民委办公厅关于印发〈学校民族团结教育指导纲要（试行）〉的通知》（教民厅〔2008〕9号），2008年11月26日

学校应将心理健康教育始终贯穿于教育教学全过程。

——以上见《教育部关于印发〈中小学心理健康教育指导

纲要（2012 年修订）〉的通知》（教基一〔2012〕15 号），2012 年 12 月 7 日

推门听课。责任督学可随机进入课堂听课，了解教学情况，包括教学内容、教学方法、授课方式、课堂互动、教学效果等。

——以上见《国务院教育督导委员会办公室关于印发〈中小学校责任督学挂牌督导规程〉和〈中小学校责任督学工作守则〉的通知》（国教督办〔2013〕6 号），2013 年 12 月 18 日

残疾儿童、少年特殊教育学校（班）的课程设置方案、课程标准和教材，应当适合残疾儿童、少年的身心特性和需要。

残疾儿童、少年特殊教育学校（班）的课程设置方案、课程标准由国务院教育行政部门制订；教材由省级以上人民政府教育行政部门按照国家有关规定审定。

——以上见《残疾人教育条例》（中华人民共和国国务院令第 674 号），2017 年 2 月 1 日

各地要积极引导广大教师依据课程标准组织教学，遵循残疾学生身心特点和学习发展规律，及时调整教学观念和教学方式，合理把握教学容量和难度要求，突出潜能开发和功能补偿，促进残疾学生全面发展、更好融入社会。

各地要结合本地实际，针对残疾学生的特殊需求，加大特殊教育课程资源开发力度，不断丰富特殊教育课程资源。

——以上见《教育部关于发布实施〈盲校义务教育课程标

准（2016年版）〉〈聋校义务教育课程标准（2016年版）〉〈培智学校义务教育课程标准（2016年版）〉的通知》（教基二〔2016〕5号），2016年11月25日

案例选编

1. 上海虹口高中：探索“小走班制”教学初见雏形

基于“从改革政策出发、从学生实际出发、从学校情况出发”，上海市虹口高级中学小走班模式（同年级走班和跨年级走班）初见雏形。学校在2017届高三学生的20种等级考选科模式中，根据学生实际选科情况选取4—6种选科模式来组建行政班，保证在现有的学校教育资源下满足学生的自主选科需求。

在对2017届学生选科意向初步预选统计结果的基础上，经过多次讨论，该校根据学生实际选科情况选取4—6种选科模式来组建行政班。在现有学校的教育资源下，为了满足每一个学生的自主选科需求，目前学校设想以“化学生物历史”“化学生物政治”“化学生物物理”“历史物理政治”这4种选科模式来组建行政班。

在2017届学生中，先以高二年级时选择地理作为等级性考试科目的学生为例：假设小明在高二时完成了地理等级性考试，高三时选考物理、化学，则小明进入“化学生物物理”班。在该班上生物课时，小明将拥有“自由时间”，可以学习学校特色课程，也可以在图书馆、实验室、心理咨询室、运动场馆、机房等场所开展自主学习。

又以高三年级时选择地理作为等级考科目的小军同学为例：该生在高二时没有参加地理等级性考试，在高三时选择地理、化学、生物作为其等级考科目，那该怎么办呢？小军可进入“化学生物历史”“化学生物政治”或者“化学生物物理”班，学校可根据班级的实际人数、成绩情况等进行学生分班的微调。假设小军进入“化学生物历史”班，他可在该班中学习化学、生物这两门学科，在该班上历史课时，小军跨年级走班进入高二年级的地理课堂学习。

小走班的设想利用了学校现有的教育资源巧妙地解决了教室不足、师资有限的难题。按照目前学生预选情况，在高二第二学期末重新分班后，只需要组建6个行政班即可，这和学校现行开展教育教学活动所需的教室数量相同，同时能够实现师资的合理配置、学生的优化管理。

——原载于：《文汇报》，2015年4月29日第6版，有改动

2. 江苏张家港白鹿小学：让儿童遇见美好课程

“童玩课程”突出培养学生的生存能力、学习能力、实践能力和创新意识，提升学生的文化素养、公民素养、科学素养和审美素养，这就是江苏省张家港市白鹿小学的“4+4”培养目标。

围绕这个目标，校本课程的架构与实施包含了学科拓展、社团活动和主题活动等板块，分为必修、选修两类，致力于促进学习样态的转变。

在学科拓展方面，该校开发了相应的校本学材提供给学生。品德类课程中开发了《白鹿绘本童话》，开展读、绘、演、塑等儿童喜欢的活动；语文课程中开发了《呦呦鹿鸣经典诵读》读本，编排课本剧、相声等“好玩”的剧目；体育、艺术课程结合“体艺2+1”项目要求，设置多种球类、器乐让儿童选择喜欢的项目学习。英语口语的“鹿鹿随声

听”等内容已有效整合到学科教学中，使国家课程更适合儿童的“口味”。

在具体实施过程中，着力开展全方位辐射式的探究学习。确定了“玩游戏、玩童话、玩三大球与单车、玩表演、葫芦丝、小小农科院”六大主题。

在社团活动方面，重在催生儿童个性发展。以学校“九色鹿少年宫”为平台，不断研究儿童性向发展特点，动态优化课程门类，分“自选兴趣型，双选特长型”两类课程。

在主题活动方面，重在滋养儿童卓越品质。学校月月有主题活动，将公民素养、身体素质、心理素质、审美素质的提升融合于丰富的活动中。

——原载于：《人民教育》，2016 年第 11 期，有改动

3. 安徽蚌埠二中：基于微课的数字化教学之变

蚌埠二中的微课教学以讯飞皆成“智慧学习平台”为依托，使“无处不在、无时不在”的学习成为可能。

学习内容的重组。利用微课的优势，从学生知识掌握的实际过程出发，蚌埠二中构建了“三微一精”的微课程体系。“微课堂”突出课堂教学中某个知识点的学习，使问题聚集、主题突出、内容精简；“微课时”针对问题和疑惑，围绕重点常考题型，精讲解题方法及过程；“微课业”指各种练习、作业，包含书面型、专项型、实践型等作业；“精品课程”是由校内名师讲授重点课程，并由专业人员制作出在线教学内容。“三微”构成了“闭环”学习过程，学生可以从新课、考试或作业任何一个

节点进入学习。

学习环境的改变。通过对原来班班通的改造，学生可在任何一个上课教室上网进入微课学习；可随身携带智能手机、平板电脑等移动终端，在校园、在家、在路上利用碎片化时间学习；还可根据自己的不足，通过互联网访问“辅导式”微课资源，接受在线课外辅导，实现课内外混合学习。

学习自主权的回归。微课强调人性化教学，学生可自主安排学习，不必再拘泥于传统课堂统一的计划进度。

学习效率的提升。有了微课平台，老师就可以把卷子分解成一个个小题，在课下进行逐一讲解并录制成微课上传到学校网络，学生就可根据自身需要有针对性地学习。该平台的成绩分析系统还能自动分析出学生在各个知识点的错误率，把考试中出现错误率高的知识点向老师提供反馈。

微课带来教学结构的转变。教师在具体录制微课的过程中博采众家之长，多角度、多方位、多种方法并用，把一个问题讲透讲全，让学生在学习时深刻领会什么是思维能力的高精尖，使学生在学习中获得有益的滋养，这是对课堂教学的有力弥补。

——原载于：《中国教育报》，2014 年 7 月 9 日第 11 版，有改动

4. 重庆南川民主乡中心小学：粘贴画粘出精彩、贴出快乐

重庆南川区民主乡中心小学根据农村学校乡土资源丰富的特点，结合学生的兴趣，确定了以粘贴画为主体的校本课程开发，形成了以“粘出精彩，贴出快乐，怡情益智”为主旨的校本课

程主题活动。

1—2 年级彩纸粘贴画：用各种不同颜色和质地的彩纸，按照预先设计好的图样，通过剪贴制作成富有质感的图画。着重培养学生的动手操作能力、想象力和创造力。

3—4 年级树叶粘贴画：利用枯萎的叶子进行拼贴，让学生采集一些落叶，用书将叶子压平，然后利用这些树叶天然的形状进行造型，让学生从不同角度观察、制作、研究、合作，在活动中调动学生的参与性，发展学生的创新思维能力。

5—6 年级蛋壳、种子粘贴画：用蛋壳和各种种子按照设计的图样，黏贴出各种图案，以朴素和不拘一格的表现形式受到学生喜爱。在教学中，教师充分利用现代化电教设备，提高学生的审美情趣。

7—9 年级毛线粘贴画和竹篾粘贴画：用不同颜色的毛线，按照设计的图案，粘贴出自己喜欢的图样；利用竹子进行切片、打磨、烙制、粘贴，构成古朴典雅的粘贴画。通过构图、毛线的选择、竹片的打磨、细心的粘贴，一幅幅生动的粘贴画其美无穷。

学校建立了相应的奖励和评比办法。每周每班安排一节粘贴画课，由专人授课。开学初，授课教师填写教学计划表，编写教案，规定学生作品数量，使教师做到有计划、有目标地开展教学活动。对教师的评价考核有两个方面，分别为粘贴画教学常规考核与粘贴画成果考核。

学校每学期在体艺周展示活动中都安排了粘贴画作品展评，设立了作品创作奖、设计奖、制作奖等奖项，充分激发学生的创新意识。为了点燃学生的创作欲望，教师不仅亲自制作，还从网上下载精美的作品供学生欣赏，使学生从一幅幅构思奇异、独具匠心的艺术品中找到创作的灵感。

——原载于：《中国教师报》，2015 年 12 月 16 日第 10 版，有改动

第三章
推进体卫艺美工作

本章导读

体卫艺美是素质教育的重要内容，是学校工作的重要组成部分。学校要抓住青少年身心发展的关键时期，科学安排学习、生活。保证学生足够的睡眠时间，大力开展“阳光体育”运动，保证学生每天锻炼一小时，保护学生视力，不断提高学生体质健康水平。加强美育，要抓好艺术教育这一基本途径，提高学生审美修养，丰富学生精神世界，发展学生形象思维，激发学生创新意识，促进学生健康成长。

要点摘编

严格执行国家关于保证中小学生每天一小时校园体育活动规定。中小学校要认真执行国家课程标准，保质保量上好体育课，其中小学 1—2 年级每周 4 课时，小学 3—6 年级和初中每周 3 课时，高中每周 2 课时；没有体育课的当天，学校必须在下午课后组织学生进行一小时集体体育锻炼；每天上午统一安排 25—30 分钟的大课间体育活动。要将上述学生校园体育活动时间和内容纳入教学计划，列入学校课表，认真组织实施。

建立保证中小学生每天一小时校园体育活动表彰奖励和问责制度。上级教育行政部门对于认真组织开展中小学生每天一小时校园体育活动，学生体质健康状况得到明显改善的，要给予表彰奖励；对于组织不得力，措施不到位，中小学生每天一小时校园体育活动开展不好的，要对主要负责人实行诫勉谈话；对于没有组织开展的，要进行通报批评或按照干部管理权限追究相应的责任。

——以上见《教育部关于印发〈切实保证中小学生每天一小时校园体育活动的规定〉的通知》（教体艺〔2011〕2 号），2011 年 7 月 8 日

各级各类学校必须切实开足、开齐体育课，不得以任何理由削减、挤占体育课时间。

全面实施《学生体质健康标准》。建立《学生体质健康标准》测试报告书制度，测试报告书要作为中小学生成长记录或中小学生素质报告书的重要内容。

在学生的综合素质评价中，要将学生日常体育成绩、体质健康状况、参与体育活动的表现作为重要评价内容。认真组织实施初中毕业升学体育考试工作，体育考试成绩要按一定比例记入中考成绩总分。积极推进在高中毕业学业考试中增加体育考试的做法，将体育考试成绩作为高校录取新生的重要参考依据。

要广泛宣传“每天锻炼一小时，健康工作五十年，幸福生活一辈子”这一具有时代特征的口号。

——以上见《教育部 国家体育总局关于进一步加强学校体育工作，切实提高学生健康素质的意见》（教体艺〔2006〕5号），2006年12月20日

广泛开展“全国亿万学生阳光体育运动”。鼓励学生走向操场、走进大自然、走到阳光下，形成青少年体育锻炼的热潮。

学校每年要召开春、秋季运动会，因地制宜地经常开展以班级为单位的学生体育活动和竞赛，做到人人有体育项目、班班有体育活动、校校有体育特色。注重发展学生的体育运动兴趣和特长，使每个学生都能掌握两项以上体育运动技能。

中小学教师和家长都要关注学生的用眼状况，坚持每天上下午组织学生做眼保健操，及时纠正不正确的阅读、写字姿势，控制近距离用眼时间。

确保青少年休息睡眠时间，加强对卫生、保健、营养等方面的指导和保障。制定并落实科学规范的学生作息制度，保证小学生每天睡眠10小时，初中学生9小时，高中学生8小时。

——以上见《中共中央 国务院关于加强青少年体育增强青

少年体质的意见》（中发〔2007〕7号），2007年5月7日

要因地制宜制订并落实体育与健康课程的实施方案，在地方课程和校本课程中科学安排体育课时。建立健全学生体育竞赛体制，引导学校合理开展课余体育训练和竞赛活动。积极鼓励创建青少年体育俱乐部，组织开展丰富多彩的学生群众性体育活动。各级各类学校要制订和实施体育课程、大课间（课间操）和课外体育活动一体化的阳光体育运动方案。每个学生学会至少两项终身受益的体育锻炼项目，养成良好体育锻炼习惯和健康生活方式。

各学校每年对所有学生进行体质健康测试，并将测试结果经教育部门审核后上报纳入国家学生体质健康标准数据管理系统；同时，要按学生年级、班级、性别等不同类别在学校内公布学生体质健康测试总体结果，并将有关情况向学生家长通报。

——以上见《国务院办公厅转发教育部等部门关于进一步加强学校体育工作若干意见的通知》（国办发〔2012〕53号），2012年10月22日

各地中小学校要按照国家课程方案和课程标准开足开好体育课程，严禁削减、挤占体育课时间。有条件的地方可为中小学增加体育课时。大力推动足球、篮球、排球等集体项目，积极推进田径、游泳、体操等基础项目及冰雪运动等特色项目，广泛开展乒乓球、羽毛球、武术等优势项目。进一步挖掘整理民族民间体育，充实和丰富体育课程内容。

健全学生体育锻炼制度，学校要将学生在校内开展的课外体育活动纳入教学计划，列入作息时间安排，与体育课教学内容相衔接，切实保证学生每天一小时校园体育活动落到实处。鼓励学生积极参加校外全民健身运动，中小学校要合理安排家庭“体育作业”，家长要支持学生参加社会体育活动，社区要为学生体育活动创造便利条件，逐步形成家庭、学校、社区联动，共同指导学生体育锻炼的机制。

学校应通过组建运动队、代表队、俱乐部和兴趣小组等形式，积极开展课余体育训练，为有体育特长的学生提供成才路径，为国家培养竞技体育后备人才奠定基础。

建设常态化的校园体育竞赛机制，广泛开展班级、年级体育比赛，学校每年至少举办一次综合性运动会或体育节，通过丰富多彩的校园体育竞赛，吸引广大学生积极参加体育锻炼。

科学合理确定体育教师工作量，把组织开展课外活动、学生体质健康测试、课余训练、比赛等纳入教学工作量。保障体育教师在职称（职务）评聘、福利待遇、评优表彰、晋级晋升等方面与其他学科教师同等待遇。

学校应当根据体育器材设施及场地的安全风险进行分类管理，定期开展检查，有安全风险的应当设立明显警示标志和安全提示。

体育课程考核要突出过程管理，从学生出勤、课堂表现、健康知识、运动技能、体质健康、课外锻炼、参与活动情况等方面进行全面评价。中小学要把学生参加体育活动情况、学生体质健康状况和运动技能等级纳入初中、高中学业水平考试，纳入学生综合素质评价体系。

建立中小学体育课程实施情况监测制度，定期开展体育课程国家基础教育质量监测。建立健全学生体质健康档案，严格执行《国家学生体质健康标准》，将其实施情况作为构建学校体育评价机制的重要基础，确保测试数据真实性、完整性和有效性。

加强学校体育督导检查，建立科学的专项督查、抽查、公告制度和行政问责机制。对学生体质健康水平持续三年下降的地区和学校，在教育工作评估中实行“一票否决”。

——以上见《国务院办公厅关于强化学校体育促进学生身心健康全面发展的意见》（国办发〔2016〕27号），2016年4月21日

学校普遍开展足球运动，学生广泛参与足球活动，校园足球人口显著增加，学生身体素质、技术能力和意志品质明显提高，形成有利于大批品学兼优的青少年足球人才脱颖而出的培养体系。

鼓励有条件的学校开展以足球为特色的“一校一品”体育教学改革。足球特色学校可适当加大学时比重，每周至少安排一节足球课，不断提高教学质量。

要把足球运动作为学校大课间和课外活动内容，鼓励引导广大学生“走下网络、走出宿舍、走向操场”，积极参加校外足球运动。有条件的学校要建立班级、年级和校级足球队。鼓励组建女子足球队。

各地各校要广泛开展多样化的足球竞赛活动，形成“校校参与、层层选拔、全国联赛”的足球竞赛格局。要组织小学低年级学生参加趣味性足球活动。从小学3年级以上到初、高中学

校，要组织班级、年级联赛，开展校际邀请赛、对抗赛等竞赛交流活动。

规范竞赛管理，构建包括校内竞赛、校际联赛、区域选拔在内的青少年校园足球竞赛体系。建成纵向贯通、横向衔接和规范有序的高校、高中、初中、小学四级青少年校园足球联赛机制。

——以上见《教育部等6部门关于加快发展青少年校园足球的实施意见》（教体艺〔2015〕6号），2015年7月22日

注重学生足球意识、观察能力、交流能力和协作能力的培养。学生在小学阶段主要是了解足球的基本知识，具备足球比赛的基本能力。初中阶段主要是掌握足球比赛的基本要素和竞赛规则，提高控球能力，能够在对抗条件下展现足球基本技战术能力。高中阶段主要是进一步发展对抗条件下的足球技战术能力，培养特长技术和位置意识。

《指南》[①] 按照每一学年40课时设计，略超实际课时，供教师制定教学计划时参考和选择使用。

在校园足球教学过程中，教师应注重游戏教学法和比赛教学法的运用。在此基础上倡导教师以《指南》为依据，充分发挥主观能动性，不断丰富完善校园足球课堂教学方法和手段，增强足球教学的吸引力，培养学生的足球兴趣，促进校园足球教学质量的提高。

针对当前中小学足球水平起点不一，且相当一部分学生足球

---

① 即《全国青少年校园足球教学指南（试行）》的简称，后两段同。——编者注

水平“零起点”的现状，各地可因地制宜、因校制宜选择《指南》中的教学内容。教师应在教学实施前充分了解学生足球技能基本情况，选择难度适宜的学习内容进行教学，做到因材施教。……循序渐进，通过3—5年的规范教学，逐步过渡到能够完成《指南》规定的学习内容，实现规定的学习目标。《指南》所列出的守门员技术、位置技术以及整体攻防战术等内容具有一定实施难度，可以作为教学过程中的介绍内容。

——以上见《教育部办公厅关于印发〈全国青少年校园足球教学指南（试行）〉和〈学生足球运动技能等级评定标准（试行）〉的通知》之《全国青少年校园足球教学指南（试行）》（教体艺厅〔2016〕4号），2016年6月27日

学生军事训练是指普通高等学校、高中阶段学校组织的学生军事技能训练和军事理论课教学，以及与学生军事训练有关的其他活动。

通过军事训练，使学生掌握基本军事技能和军事理论，增强国防观念、国家安全意识，加强组织性、纪律性，弘扬爱国主义、集体主义和革命英雄主义精神，磨炼意志品质，激发战胜困难的信心和勇气，培养艰苦奋斗、吃苦耐劳的作风，树立正确的世界观、人生观和价值观，提高综合素质。

高中阶段学校的学生军事训练纳入社会实践活动中组织实施。

高中阶段学校组织实施学生军事技能训练所需的帮训人员，由军分区或者县人民武装部协调驻军部队、武警部队和预备役部

队帮助解决。

——以上见《教育部 总参谋部 总政治部关于印发〈学生军事训练工作规定〉的通知》（教体艺〔2007〕7 号），2007 年 3 月 22 日

一是将奥林匹克教育纳入学校教育教学，在课堂教学、课外实践等环节普及冬奥会项目和竞赛知识，促进奥林匹克运动和奥林匹克精神在校园体育教育中的发展。二是广泛开展中小学奥林匹克教育活动，弘扬奥林匹克精神，鼓励中小学生积极参与和支持北京冬奥会。三是通过奥林匹克教育扩大中小学生国际交流，树立做好冬奥会东道主意识，培养具有国际视野和文明礼仪风尚的青少年学生。四是举办中小学生冬季奥林匹克赛事活动，增进中小学生对奥林匹克的理解，使学生在亲身体验中收获教益和快乐，掌握冬季运动技能。五是开展奥林匹克教育研究，建立一批奥林匹克教育特色示范学校、冰雪运动特色学校、同心结学校，形成形式多样的教育教学示范成果，组建奥林匹克教育研究机构，为奥林匹克教育留下可持续的丰厚遗产。

本计划的实施对象是全国中小学生。北京市、河北省作为主办地要认真贯彻落实各项工作，制订具体实施方案，并报教育部、国家体育总局、北京冬奥组委。东北、华北和西北等北方地区作为重点，要积极推进各项冬季运动进校园工作，有条件的地区将冬季运动纳入学校体育课教学内容，制订冬季运动教学计划。其他地区要积极参与此项工作，因地制宜，重点做好冬季奥林匹克知识宣传工作，鼓励有条件的地区结合自身实际开展冬季

运动普及，共同开展好奥林匹克教育工作。

——以上见《教育部 国家体育总局 北京冬奥组委关于印发〈北京2022年冬奥会和冬残奥会中小学生奥林匹克教育计划〉的通知》（教体艺〔2018〕1号），2018年1月30日

名言链接

教育里没有了体育，教育就不完全。我觉得体育比什么都重要，我觉得不懂体育的，不应该当校长。英美精神即体育精神，民主政治亦即体育精神。体验过体育中的竞争、团结、合作以后，推行民主政治要有力得多。

——张伯苓

有健全之身体，始有健全之精神；若身体柔弱，则思想精神何由发达？或曰，非困苦其身体，则精神不能自由。然所谓困苦者，乃锻炼之谓，非使之柔弱以自苦也。

——蔡元培

学校要统筹学生的家庭作业时间，小学一、二年级不留书面家庭作业，小学其他年级书面家庭作业控制在60分钟以内；初中各年级不超过90分钟。

建立健全眼保健操制度。将每天两次眼保健操时间纳入课表，组织学生认真做好眼保健操。

积极改善教学条件，为学生创建良好的视觉环境。

1. 保证教室内所有学生合理的用眼距离，教室前排课桌前缘与黑板应有2米以上距离，后排课桌后缘与黑板的水平距离：

小学不超过 8 米，中学不超过 8.5 米。

2. 按国家规定的标准要求，提供与学生身高相符合的课桌椅，每间教室内应预置 1—3 种不同型号的课桌椅（有条件的学校应配置 2 种以上型号的课桌椅），或配备可调试课桌椅。

3. 教室黑板应完整无破损、无眩光，挂笔性能好，便于擦拭；黑板下缘与讲台地面的垂直距离：小学为 0.8—0.9 米，中学为 1—1.1 米；讲台桌面距教室地面的高度一般为 1.2 米。

4. 教室采光应符合国家相关卫生标准。单侧采光的教室光线应从学生座位左侧射入，双侧采光的教室主采光窗应设在左侧；教室墙壁和顶棚为白色或浅色，窗户应采用无色透明玻璃；教室采光玻地比（窗的透光面积与室内地面面积之比）不得低于 1∶6（新建教室采光玻地比应达到 1∶4）。

5. 教室照明应配备 40 瓦荧光灯 9 盏以上，且灯管应垂直于黑板；教室照明应采用配有灯罩的灯具，不宜用裸灯，灯具距桌面的悬挂高度为 1.7—1.9 米；黑板照明应另设 2 盏横向 40 瓦荧光灯，并配有灯罩；课桌面和黑板照度分布均匀，照度应符合国家标准（建筑照明设计标准 GB50034-2004）要求。

——以上见《教育部关于印发〈中小学学生近视眼防控工作方案〉的通知》（教体艺〔2008〕7 号），2008 年 9 月 4 日

在校学生每年进行 1 次常规健康体检。

学生健康体检机构在体检结束后，应分别向学生（家长）、学校和当地教育行政部门反馈学生个体健康体检结果与学生群体健康评价结果。

义务教育阶段学生健康体检的费用由学校公用经费开支。

——以上见《卫生部 教育部关于印发〈中小学生健康体检管理办法〉的通知》(卫医发〔2008〕37号),2008年6月27日

(一)健康体检。学校按有关规定将结核病检查项目作为新生入学体检和教职员工常规体检的必查项目,由具备资质的体检机构进行学校师生健康体检,并将体检结果纳入学生和教职员工的健康档案。疾病预防控制机构为学校师生健康体检提供技术支持和指导。对发现的疑似肺结核病例,体检机构要及时反馈给学校,由学校告知学生(或家长)到当地结核病定点医疗机构检查确诊并跟踪了解诊断结果。

(二)健康教育。学校通过健康教育课、主题班会、专题讲座,以及校园内传统媒介或新媒体等多种形式,向在校学生和教职员工广泛宣传结核病防治的核心知识,提高师生对结核病的认知水平,增强自我防护意识,减少对结核病患者的歧视。疾病预防控制机构提供技术支持和指导,协助学校开展工作。

(三)学校环境卫生。学校应当按照《国家学校体育卫生条件试行基本标准》、《农村寄宿制学校生活卫生设施建设与管理规范》等涉及学校卫生的相关规范和标准要求,保障学生学习和生活的人均使用面积;加强教室、宿舍、图书馆等人群聚集场所的通风换气,保持室内空气流通;做好校园环境的清扫保洁,消除卫生死角。

(四)监测与报告。

1. 晨检工作。中小学校应当由班主任或班级卫生员落实晨

检工作，重点了解每名学生是否有咳嗽、咳痰、咯血或血痰、发热、盗汗等肺结核可疑症状。发现肺结核可疑症状者后，应当及时报告学校卫生（保健）室。

2. 因病缺勤病因追查及登记制度。班主任（或辅导员）应当及时了解因病缺勤学生的患病情况和可能原因。如怀疑为肺结核，应当及时报告学校卫生（保健）室或校医院，并由学校卫生（保健）室或校医院追踪了解学生的诊断和治疗情况。

3. 病例报告。对学校发现的肺结核疑似病例或确诊病例，按照《学校和托幼机构传染病疫情报告工作规范（试行）》的要求，由学校疫情报告人立即向属地疾病预防控制机构和教育行政部门报告。

4. 疫情监测。各级疾病预防控制机构要开展学校肺结核疫情的主动监测、舆情监测和汇总分析。对监测发现的学生（或教职员工）肺结核或疑似肺结核病例报告信息，应当及时组织人员进行调查核实，将结果反馈给学校。

学校应当积极配合筛查工作，要密切关注与确诊病例同班级、同宿舍学生及授课教师的健康状况，宣传并要求学生进行自我观察，一旦出现咳嗽、咳痰等肺结核可疑症状，应当及时就诊。

对接受预防性治疗的在校学生，校医或班主任应当在疾病预防控制机构的指导下督促其按时服药、定期到结核病定点医疗机构随访复查。

学校凭复学诊断证明为学生办理复学手续并督促学生落实后续治疗管理措施。

对教职员工肺结核患者的休、复课管理，可参照学生休、复学管理要求执行。

学校应当在医疗卫生机构的指导和协助下，强化开展全校师生及学生家长结核病防治知识的健康教育和心理疏导工作，及时消除其恐慌心理。

学校应当加强公共场所通风，改善学校环境卫生，并在疾病预防控制机构的指导下做好相关场所的消毒工作。

——以上见《关于印发学校结核病防控工作规范（2017 版）的通知》（国卫办疾控发〔2017〕22 号），2017 年 6 月 26 日

学校应当按规定安排学生健康体检，建立学生健康档案，按照《中小学生学籍管理办法》规定，纳入学籍档案管理。学生新入学，应当要求学生家长如实提供学生健康状况的真实信息。转学应当转接学生健康档案。涉及学生个人隐私的，学校负有保密义务。

对不适合参与体育课或统一规定的体育锻炼的学生，学校和教师应当减少或免除其体育活动。

教育行政部门或学校组织开展大型体育活动或体育比赛，应当成立安全管理机构；制订安全应急预案；检查体育器材设施及场地，设置相应安全设施及标识；设置现场急救点，安排医务人员现场值守；对学生进行安全教育。

组织学生参加跨地区体育活动和体育比赛，应当根据活动或比赛要求向学生及家长提供安全告知书，获得家长书面反馈意见。

大型体育活动或体育比赛需要第三方提供交通、食品、饮水、医疗等服务的，应当选择有合格资质的服务机构，依法签订规范的服务合同。

学校应当根据体育器材设施及场地的安全风险进行分类管理。具有安全风险的体育器材设施应当设立明显警示标志和安全提示。需要在教师指导和保护下才可使用的器材，使用结束后应当屏蔽保存或专门保管，不得处于学生可自由使用的状态；不便于屏蔽保存的，应当有安全提示。

学校应当对体育器材设施及场地的使用安全情况进行巡查，定期进行维护，根据安全需要或相关规定及时更新和报废相应的体育器材设施，及时消除安全隐患。

体育运动伤害事故发生后，学校应当按照体育运动伤害事故处理预案要求及时实施或组织救助，并及时与学生家长进行沟通。

学校应当依据《学生伤害事故处理办法》和相关法律法规依法妥善处理体育运动伤害事故。

——以上见《教育部关于印发〈学校体育运动风险防控暂行办法〉的通知》（教体艺〔2015〕3号），2015年4月30日

义务教育阶段学校美育课程要注重激发学生艺术兴趣，传授必备的基础知识与技能，发展艺术想象力和创新意识，帮助学生形成一两项艺术特长和爱好，培养学生健康向上的审美趣味、审美格调、审美理想。普通高中美育课程要满足学生不同艺术爱好和特长发展的需要，体现课程的多样性和可选择性，丰富学生的

审美体验，开阔学生的人文视野。

义务教育阶段学校在开设音乐、美术课程的基础上，有条件的要增设舞蹈、戏剧、戏曲等地方课程。普通高中在开设音乐、美术课程的基础上，要创造条件开设舞蹈、戏剧、戏曲、影视等教学模块。

美育实践活动是学校美育课程的重要组成部分，要纳入教学计划，实施课程化管理。建立学生课外活动记录制度，学生参与社区乡村文化艺术活动、学习优秀民族民间艺术、欣赏高雅文艺演出、参观美术展览等情况与表现要作为中小学生艺术素质测评内容。

要以戏曲、书法、篆刻、剪纸等中华优秀传统文化艺术为重点，形成本地本校的特色和传统。中小学校应以班级为基础，开展合唱、校园集体舞、儿童歌舞剧等群体性活动。任何学校和教师不得组织学生参加以营利为目的的艺术竞赛活动，严禁任何部门和中小学校组织学生参与商业性艺术活动或商业性庆典活动。

各级各类学校应根据自身条件和特点积极参与中外人文交流。

将美育贯穿在学校教育的全过程各方面，渗透在各个学科之中。加强美育与德育、智育、体育相融合，与各学科教学和社会实践活动相结合。挖掘不同学科所蕴涵的丰富美育资源，充分发挥语文、历史等人文学科的美育功能，深入挖掘数学、物理等自然学科中的美育价值。大力开展以美育为主题的跨学科教育教学和课外校外实践活动，将相关学科的美育内容有机整合，发挥各个学科教师的优势，围绕美育目标，形成课堂教学、课外活动、校园文化的育人合力。

鼓励各级各类学校结合“互联网+”发展新形势，创新学校美育教育教学方式，加强基于移动互联网的学习平台建设。

各级教育部门和各级各类学校要把师资队伍建设作为美育工作的重中之重，努力建设一支师德高尚、业务精湛、结构合理、充满活力的高素质美育教师队伍。

实施中小学校美育工作自评制度，学校每学年要进行一次美育工作自评，自评工作实行校长负责制，纳入校长考核内容，并通过当地教育部门官方网站信息公开专栏向社会公示自评结果。

——以上见《国务院办公厅关于全面加强和改进学校美育工作的意见》（国办发〔2015〕71号），2015年9月15日

2017年在全国中小学校和中等职业学校创建1000所中华优秀文化艺术传承学校，以后每两年创建一批。传承项目主要包括：戏曲、书法（篆刻）、民族民间美术、传统手工技艺、民族民间音乐、民族民间舞蹈等。

传承学校要以课程教学为基础，将传承项目纳入学校美育课程建设，开设校本课程，加强学科融合，深化教学改革。要以实践活动为载体，加强以传承项目为内容的学生艺术社团和学生工作坊建设，组织学生开展群体性、体验性、互动性的项目实践活动。

——以上见《教育部关于在全国中小学开展中华优秀文化艺术传承学校创建活动的通知》（教体艺函〔2017〕10号），2017年9月18日

名言链接

美育者，应用美学之理论于教育，以陶养感情为目的者也。美育者，与智育相辅而行，以图德育之完成者也。

——蔡元培

义务教育阶段学校根据《义务教育课程设置实验方案》开设艺术课程，确保艺术课程课时总量不低于国家课程方案规定占总课时 9%的下限，鼓励有条件的学校按总课时的 11%开设艺术课程，初中阶段艺术课程课时不低于义务教育阶段艺术课程总课时的 20%。普通高中按《普通高中课程方案（实验）》的规定，保证艺术类必修课程的 6 个学分。

有条件的学校要开设丰富的艺术选修课供学生选择性学习。鼓励各级各类学校开发具有民族、地域特色的地方艺术课程。

中小学校要深入推进体育艺术“2+1”项目，以班级为基础，开展合唱、校园集体舞等活动，努力实现学生在校期间能够参加至少一项艺术活动，培养一两项艺术爱好。组织学生赴外地参加艺术活动应当征得其监护人同意，并由学校统一为学生购买人身意外伤害保险。

专职艺术教师不足的地区和学校，可由具有艺术特长的教师和管理人员经必要专业培训后担任兼职艺术教师，鼓励聘用社会文化艺术团体专业人士、民间艺人担任学校兼职艺术教师。

艺术教师承担学校安排的课外艺术活动辅导工作要计入工作量。

鼓励学校与社会艺术团体及社区建立合作关系。

——以上见《教育部关于推进学校艺术教育发展的若干意见》（教体艺〔2014〕1号），2014年1月10日

中小学艺术教育活动要坚持面向全体学生，坚持课内与课外、校内与校外、普及与提高相结合的原则。开展艺术教育活动要以学校为基础，以班级为重点，在开齐、上好音乐、美术等课程的同时，大力推广体育艺术“2+1”项目，让每一个中小学生在校期间掌握一种自己喜爱的艺术技能。

应积极整合社会艺术教育资源，在当地政府的协调下，充分利用本地博物馆、剧院、音乐厅、园林、图书馆等文化艺术活动场所，开展学生艺术活动。

学校不得组织学生参加社会艺术水平考级活动，各类社会艺术水平考级的等级不得作为学生升学、奖励的依据。

——以上见《教育部关于加强和改进中小学艺术教育活动的意见》（教体艺〔2007〕16号），2007年5月30日

开齐开足艺术课程，是保证艺术教育质量的前提。根据《义务教育课程设置实验方案》，九年义务教育阶段艺术类课程占总课时的9%-11%（总课时数为857—1047课时）。条件较好的学校按九年义务教育阶段艺术类课程占总课时的11%开设艺术类课程，其他学校开设艺术类课程不低于总课时的9%；其中，初中阶段艺术类课程开课不低于艺术课程总课时数的20%。普通高中按《普通高中课程方案（实验）》的规定，保证艺术

类必修课程的 6 个学分（相当于 108 课时）。

要加强对艺术活动的管理。任何部门和学校不得组织学生参与商业性艺术活动或商业性庆典活动，不得组织学生参加企业、媒体或其他社会团体举办的有收费营利行为的艺术竞赛等活动。

——以上见《教育部关于进一步加强中小学艺术教育的意见》（教体艺〔2008〕8 号），2008 年 9 月 5 日

义务教育阶段书法教育以语文课为主，也可在其他学科课程、地方和校本课程中进行。其中，小学 3—6 年级每周安排 1 课时用于毛笔字学习。普通高中可开设书法选修课。

——以上见《教育部关于印发〈中小学书法教育指导纲要〉的通知》（教基二〔2013〕1 号），2013 年 1 月 18 日

本《标准》适用于全日制小学、初级中学、高级中学（含中等职业学校、民办中小学校）。本《标准》从体育教师、体育场地器材、教学卫生、生活设施、卫生保健室配备以及学生健康体检等方面明确了开展学校体育卫生工作所必不可少的条件，是国家对开展学校体育卫生工作的最基本要求，是中小学校办学应达到的最基本标准。

一、中小学校体育教师配备基本标准

学校应当在核定的教职工总编制数内，根据体育课教育教学工作的特点，按照教学计划中体育课授课时数和开展课外体育活动的需要，配备体育教师。小学 1~2 年级每 5~6 个班配备 1 名体育教师，3~6 年级每 6~7 个班配备 1 名体育教师；初中每 6~

7个班配备1名体育教师；高中（含中等职业学校）每8~9个班配备1名体育教师。

农村200名学生以上的中小学校至少配备1名专职体育教师。

二、中小学校体育场地、器材配备基本标准

各中小学校都应根据学校班级的规模设置体育器材室一间。

三、中小学校教学卫生基本标准（略）

四、中小学校生活设施基本标准（略）

五、中小学校卫生（保健）室建设基本标准

寄宿制学校必须设立卫生室，非寄宿制学校可视学校规模设立卫生室或保健室。

寄宿制学校或600名学生以上的非寄宿制学校应配备卫生专业技术人员。

600名学生以下的非寄宿制学校，应配备保健教师或卫生专业技术人员。保健教师由现任具有教师资格的教师担任。

六、中小学生健康检查基本标准

义务教育阶段学生健康体检的费用由学校公用经费开支，其他学生健康检查费用由省级政府制定统一的费用标准和解决办法。

——以上见《教育部 卫生部 财政部关于印发〈国家学校体育卫生条件试行基本标准〉的通知》（教体艺〔2008〕5号），2008年6月9日

各地和学校要把学校体育工作评估作为深化教育教学改革，全面提高办学水平和人才培养质量的重要任务。

评估内容主要包括学校体育的组织管理、教育教学、条件保障、学生体质、监督检查等，以《中小学校体育工作评估指标体系》为评估依据，逐项细化分解指标，全面反映学校体育工作的重要领域。

评估采用等级评定，评定结果分为优秀、良好、合格、不合格四个等级，满分为100分。其中，90分及以上为优秀；75~89分为良好；60~74分为合格；59分及以下为不合格。

凡有下列情形之一者，学校体育工作等级评定结果为不合格：

不能保证学生每天一小时校园体育活动时间的；

未按国家规定开足体育与健康课的；

学生体质健康水平连续三年下降的；

未按要求开展学生体质健康标准测试和如实上报数据的；

评估中弄虚作假的。

——以上见《教育部关于印发〈学生体质健康监测评价办法〉等三个文件的通知》之《中小学校体育工作评估方法》(教体艺〔2014〕3号)，2014年4月21日

禁止在中小学幼儿园内吸烟。凡进入中小学、中职学校、幼儿园，任何人、任何地点、任何时间一律不准吸烟。学校不设置吸烟区，不摆放烟具，不出现烟草广告或以烟草品牌冠名学校、教学楼。学校小卖部不得销售烟草制品。

——以上见《教育部关于在全国各级各类学校禁烟有关事项的通知》(教基一函〔2014〕1号)，2014年1月17日

案例选编

1. 内蒙古包头一中：女排体教结合，人才辈出

内蒙古自治区包头市第一中学（简称“包头一中”）女排自1980年组建以来，历届毕业的200多名队员全部以优异成绩升入重点大学或出国留学，实现了由单一体育人才向各行各业栋梁之材的华丽转身，走出了一条中国体教结合的成功典范之路。

原女排队员王晓霞初二时身高就达到了1.73米，但学习成绩中等，而且体弱多病。经过5年的艰苦锻炼和学习，王晓霞不但身体强壮了，而且学习在班里名列前茅，当年高考时竟以内蒙古自治区理科高考状元的成绩进入国防科技大学，后又上了研究生，成为一名军事专家。

在球队的比赛和战绩中，除了高超的球技外，很多胜利都是靠顽强拼搏的精神坚持到最后取得的。对于队员的一生来说，拥有这种精神比获得冠军更重要。

包头一中女排队员们辛苦锻炼，不断成长，在历经艰难后一次次载誉而归。自1993年以来，她们一直保持着内蒙古自治区女排冠军的称号；1997年参加在芬兰赫尔辛基举行的第十三届世界青少年“超霸杯”女子排球赛，获少年组第一名；2002年、2009年、2011年三次夺取全国中运会冠军；四次代表中国参加世界中学生排球锦标赛并获得佳绩；今年7月，在该校举办的“cssf”首届国际中学生女排精英赛中，以全胜战绩获得冠军，成为一支享誉中外的中学生女排劲旅。

——原载于：中国新闻网，2013年12月29日，有删减

2. 浙江丽水龙泉东升小学：大课间进行羽毛球韵律操、龙泉剑操表演活动

浙江省丽水市龙泉市东升小学大课间活动羽毛球韵律操、羽毛球方阵、龙泉剑操表演被教育部体育卫生与艺术教育司评为“全国中小学阳光体育运动优秀案例”。

羽毛球韵律操是由东升小学音乐教师自创自编并且指导教学的。这套操与羽毛球的技术结合度非常紧密，对学生掌握基本的羽毛球技术是有很大帮助的，可以发展学生的灵活性、协调性。全套体操动作设计健美大方、舒展流畅、节奏感强、富有朝气，体现了当代小学生活泼、向上、竞争、拼搏的特点，深受学生们喜爱。

龙泉剑操是浙江省龙泉市的地方特色体育项目，是学校体育教学乡土教材的重要内容，整套操动作优美、刚柔并济，剑法古朴清晰，带有鲜明的地方特色，而且简便易学。东升小学开展的这项运动，既锻炼了学生的身体素质，又激发了广大学生的家乡自豪感，进一步弘扬了龙泉传统的剑瓷文化。

——摘编自：教育部“全国中小学阳光体育运动优秀案例”，有改动

3. 贵州贵阳甲秀小学：以德为先传承甲秀精神，书法教育提升儿童素养

书法教育是关于爱国主义和民族精神的教育，关于人和自然、社会和谐共生的公民意识的教育，关于自我追求和完善的教育，是“人的教育”。贵州省贵阳市甲秀小学基于这样的思考，

确立了“书礼相济、德美兼修、知行合一、传承文脉、弘扬价值、助益人生”的教育工作思路，把书法教育作为一个抓手，深入开展中华优秀传统文化的继承和弘扬工作。

正字正身，用书法教育规范行为、端正心性。学校把正确书写作为开展书法教育的首要环节，要求师生“端端正正写字，堂堂正正做人”，要求学生提笔书写时“口不言、目专注、心宁静”。“写得正”需要“坐得端”，学校要求学生在书写之前，先端正自己的书写姿势，做到“头正、身直、臂开、足平”，进一步推动书法教育由字到人。

习书习礼，用书法教育指引人生、提升素养。学校以“礼”的教育为引导，进一步拓展书法教育的外延，挖掘书法教育对学生精神层面的培养作用。每一个新学年学校都会举办“开笔礼”，让初入学的新生在庄严隆重的仪式中产生对文化的敬仰。在书法教学中，教师从书法礼仪入手，通过一笔一画的讲解示范，让学生明白和谐的秩序和其中蕴含的和谐相处之道。

弘学弘道，用书法教育弘扬国粹、弘扬文化。“写好中国字，做好中国人”，培养学生对母语、对祖国深厚的文化之根的情感，是学校实施书法教育的题中之意。学校将书法教育与国学传播进行了有机整合，通过组织“汉字书写大赛”“甲秀小学书法展”等活动，积极传播书法所承载的优秀传统文化。通过邀请本土书法家创作，在校园设立传统文化墙、书法走廊、宣传栏、“遵德守礼”提示牌，开办校园网站书法传承栏目等方式，以优美的书法作品在校园内营造浓厚的传统文化氛围。

——摘编自：教育部“全国中小学社会主义核心价值观教

育优秀案例”，有改动，教育部有关会议交流材料

4. 云南昆明拓东一小：学生零距离感受“非遗”

“剪刀、尺子、胶水，加上刚刚老师发的风筝线和碳纤风筝骨架，所有材料都齐了。”云南省昆明市盘龙区拓东第一小学（简称“拓东一小”）的23名学生正清点着面前的材料，等待着滇式风筝传承人朱家祥来教授他们怎么制作滇式风筝。

早在元明时期，风筝就已经流传到云南。为了适应高原气候，云南人根据物体受风卸风的原理，发明了“元宝”型翅翼与三角形身体部位结合的“滇式风筝”。

“放风筝好玩，扎风筝更有趣。先将两根碳素杆对成一个十字形，然后穿线粘牢，这样就完成风筝骨架的第一步了。”拓东一小四年级学生杨麒炜自豪地向记者展示着自己做好的风筝骨架，“我一直希望自己能亲手制作一个风筝，和朋友一起在天底下放飞，现在有了这个课程，我的愿望很快就能实现了！”拓东一小大队辅导员张立称，放风筝是分享风筝在天空中飞翔的乐趣，扎风筝则是让他们感受风筝制作过程的辛苦和成功的喜悦。

“滇式风筝的特点就是风槽特别深、角度特别大，而且每只风筝上都有一个‘坠力面’。”朱家祥拿着风筝向学生们介绍说，“风筝可以用竹篾或者碳纤来制作骨架，尤其是碳纤材料制作的，比较坚韧，不变形，可长期保存。”虽然朱家祥已经年过古稀，但“让滇式风筝能有更多人传承”却是他最大的愿望。

——原载于：中新云南新闻网，2013年11月7日，有改动

第四章
加强校园文化建设

本章导读

校园文化是以在校师生为参与主体、以校园环境为地理空间、以学校精神为核心特征的群体文化，是中小学校培育人才的重要途径，科学健康、与时俱进的优秀校园文化可以潜移默化地影响学生的思想观念、道德规范和价值取向。中小学校长要贯彻党的教育方针，按照发展素质教育的要求，将社会主义核心价值观融入校园物质文化、精神文化、制度文化、行为文化，以中小学生为主体，以建设优良的校风、教风、学风为核心，以优化、美化校园文化环境为重点，以丰富多彩、积极向上的校园文化活动为载体，推动学校形成厚重的校园文化积淀和清新的校园文明风尚，使学生在日常学习生活中接受先进文化的熏陶和文明风尚的感染，在良好的校园人文、自然环境中陶冶情操，实现全面发展和健康成长。

要点摘编

加强校园文化建设，深入开展平安校园、文明校园、绿色校园、和谐校园创建活动。

——以上见《中共中央 国务院关于印发〈国家中长期教育改革和发展规划纲要（2010—2020年）〉的通知》（中发〔2010〕12号），2010年7月8日

积极推进中小学校校园文化建设

一是全面开展校风、教风、学风建设。要在规范办学行为、继承优良传统的基础上，遴选和集成社会的先进文化，弘扬主旋律，大力营造优于社会环境的独特氛围，使教育和引导体现在细微之处，体现在师生之间、同学之间相互关怀和关心之中，体现在班级、团队组织的温暖和鼓励之中，体现在高年级同学对低年级同学的爱护和帮助之中。

二是组织开展形式多样的校园文化活动。要精心设计和组织开展内容丰富、形式多样、吸引力强、调动学生主动参与的校园文化活动。保证共青团、少先队每周的活动时间和条件，注重教育教学活动与团队活动有机结合，支持团队组织发挥自身优势开展好已有的品牌活动，并鼓励结合实际创新活动形式。少数民族地区的学校还应结合本民族的文化、风俗和节日，开展具有民族特色的校园文化活动。开展校园文化活动，要尊重中小学生的身心特点，充分考虑他们的年龄差异、地域差异和个体差异，切合各地实际，既体现知识性、科学性，更突出趣味性、娱乐性，最大限度

地调动发挥学生的积极性、主动性和创造性，反对形式主义。

三是重视校园绿化、美化和人文环境建设。要把校园建成育人的特殊场所，充分利用校园的每一个角落，营造德育的良好环境和氛围，使校园内的一草一木、一砖一石都体现教育的引导和熏陶。要对校园人文环境进行精心设计，充分发挥学生的主体性，鼓励学生积极参与校园环境的设计、维护和创造。学校的校训、校歌、校徽、校标等设计要体现学校特点和教育理念，有条件的中小学要建好校史陈列室和共青团、少先队室。要充分利用板报、橱窗、走廊、墙壁、雕塑、地面、建筑物等一切可以利用的媒介体现教育理念。有条件的中小学要发挥校园广播站、电视台和网络的作用，不断拓展校园文化建设的渠道和空间。

加强校园文化建设要注意了解和掌握社会文化动态，高度重视各种流行文化对中小学生的影响，及时发现、研究中小学生的文化热点，积极引导，有效地抵制粗口歌、不健康口袋书、非法彩票等不良文化。

组织开展好“中小学弘扬和培育民族精神月”活动

“中小学弘扬和培育民族精神月”是校园文化建设的重要组成部分。各地要把集中活动与经常性的校园文化活动紧密结合起来，促进民族精神教育贯穿在中小学教育教学的各个环节，渗透到中小学生学习、生活的各个方面。各地组织开展民族精神教育活动要因地制宜，从本地实际出发，挖掘具有地方特色的教育资源，既可以突出“团结统一、爱好和平、勤劳勇敢、自强不息”民族精神内涵的某一方面，并进一步具体化；也可以选择井冈山精神、长征精神、延安精神、抗战精神、红岩精神、西柏坡精神、大庆精神、两弹一星精神、雷锋精神、抗洪精神、抗非典精神、载人航天精神等体现民族精神的一种精神，并结合历史故事和人物生动活泼地进行。

各地可开展读一本描写红军长征的书，看一部反映红军长征的电影或电视片，学唱一首歌颂红军长征精神的歌，做一件学习红军长征精神后最想做的有益的小事等活动。

切实保障中小学校园文化建设取得实效

中小学校要制订符合本校实际和特点的校园文化建设实施方案，分步实施，强力推进；要充分调动广大教师参与校园文化建设的积极性、主动性、创造性，加强培训，不断提高广大教师参与校园文化建设的意识和能力，发挥他们在校园文化建设中的示范和表率作用。

要争取社会各方面的支持和积极参与，吸引家长和热心中小学教育的各方面人士参与到校园文化建设的各项工作中来。

——以上见《教育部关于大力加强中小学校园文化建设的通知》(教基〔2006〕5号)，2006年4月25日

小学文明校园创建标准

运用校训、校歌、校徽、校标等，通过校风、校史陈列室，激励师生爱学校、爱学习、共建校园文明。精心设计和组织开展内容丰富、形式新颖、吸引力强的劳动技能、科技体验、文娱体育等校园文化活动，把德育、智育、体育、美育渗透到校园文化活动中，使孩子们在活动参与中思想感情得到熏陶、精神生活得到充实、道德境界得到升华。积极拓展校园文化建设的新载体，

充分发挥网络在校园文化建设中的重要作用。

中学文明校园标准

建设优良校风、教风、学风，运用校训、校史、校歌、校徽、校标等校园文化符号，激励学生爱学校、爱学习、共建校园文明。体现德育、智育、体育、美育要求，精心设计和组织开展劳动技能、志愿服务、文娱体育、中职“文明风采”竞赛等校园文化活动。积极拓展校园文化建设新载体，充分发挥网络作用，开展形式多样、内容丰富的校园网络文化活动。

——以上见《教育部 中央文明办关于深入开展文明校园创建活动的实施意见》（教基一〔2015〕7号），2015年9月22日

注重校园文化环境的育人作用。各级各类学校要充分利用广播、电视、网络、教室、走廊、宣传栏等，营造格调高雅、富有美感、充满朝气的校园文化环境，以美感人，以景育人。要让社会主义核心价值观、中华优秀传统文化基因通过校园文化环境浸润学生心田，引导学生发现自然之美、生活之美、心灵之美。进一步办好大中小学生艺术展演活动，抓好中华优秀传统文化艺术传承学校与基地建设。

——以上见《国务院办公厅关于全面加强和改进学校美育工作的意见》（国办发〔2015〕71号），2015年9月15日

把开展竞赛、游戏等形式多样的足球活动作为校园文化建设的重要内容，让足球运动融入学生生活、扎根校园。大力发展学生足球社团。鼓励学校充分利用互联网和新媒体搭建信息平台，

报道足球活动、交流工作经验、展示特色成果，营造有利于青少年校园足球发展的良好文化氛围。

——以上见《教育部等6部门关于加快发展青少年校园足球的实施意见》，(教体艺〔2015〕6号)，2015年7月22日

要加强图书馆建设，提升藏书质量，开展经常性的读书活动。学校要张贴社会主义核心价值观24字或书写上墙，让学生熟练背诵。要利用升国旗、入党入团入队等仪式和重大纪念日、民族传统节日等契机，开展主题教育活动，传播主流价值。要加强校风班风学风建设，组织开展丰富多彩、生动活泼的文艺活动、体育活动、科技活动，支持学生社团活动，充分利用板报、橱窗、走廊、校史陈列室、广播电视网络等设施，营造体现主流意识、时代特征、学校特色的校园文化氛围。

——以上见《教育部关于培育和践行社会主义核心价值观进一步加强中小学德育工作的意见》(教基一〔2014〕4号)，2014年4月1日

以“三爱”教育引领校园文化建设。各地各学校要充分发挥文化的育人功能，研究设计不同的活动形式及载体，开展丰富多彩的主题班会、主题党团日、升国旗仪式、运动会、艺术节、读书读报、征文演讲等活动。深化校园文化精品活动建设，打造一大批“三爱”教育文化品牌。

——以上见《中共教育部党组关于在全国各级各类学校深入开展“爱学习、爱劳动、爱祖国”教育的意见》(教党

〔2013〕25号），2013年8月31日

要引导学生在生活中学书法、用书法，积极开展书法教育实践活动。通过社团活动、兴趣小组、专题讲座、比赛展览、艺术节、文化节等多种形式，创设书法学习环境和氛围。充分利用少年宫、美术馆、博物馆、名胜古迹等资源，拓展书法学习空间。有条件的地区、学校还可开展校际、地区以及国际书法教育交流活动。鼓励学生在学习、生活中应用书法学习成果，发展实践能力。

——以上见《教育部关于印发〈中小学书法教育指导纲要〉的通知》（教基二〔2013〕1号），2013年1月18日

要把法治文化作为校园文化建设的重要组成部分，将平等自由意识、权利义务观念、规则意识、契约精神等理念，渗透到学生行为规则、日常教学要求当中，凝练到学校校训或者办学传统、教育理念当中，营造体现法治精神的校园文化氛围。要适当加大对《儿童权利公约》、《残疾人权利公约》等我国签署加入的重要国际公约的宣传教育，培养学生建立对多元文化、少数人群和弱势人群权利的尊重与平等意识。

——以上见《教育部关于印发〈全面推进依法治校实施纲要〉的通知》（教政法〔2012〕9号），2012年11月22日

要按照实践育人的要求，以体验教育为基本途径，区分不同层次未成年人的特点，精心设计和组织开展内容鲜活、形式新颖、吸引力强的道德实践活动。

要抓住时机，整合资源，集中开展思想道德主题宣传教育活动。要组织丰富多彩的主题班会、队会、团会，举行各种庆祝、纪念活动和必要的仪式，引导未成年人弘扬民族精神，增进爱国情感，提高道德素养。每年的“公民道德宣传日”，在面向社会公众开展道德教育的同时，要注意组织好面向未成年人的宣传教育活动。要丰富未成年人节假日参观、旅游活动的思想道德内涵，精心组织夏令营、冬令营、革命圣地游、红色旅游、绿色旅游以及各种参观、瞻仰和考察等活动。

要运用各种方式向广大未成年人宣传介绍古今中外的杰出人物、道德楷模和先进典型，激励他们崇尚先进、学习先进。

——《中共中央国务院关于进一步加强和改进未成年人思想道德建设的若干意见》（中发〔2004〕8号），2004年2月26日

案例选编

1. 北京海淀七一小学：让学生守则从墙上走进心里

结合海军子弟学校的优势，北京市海淀区七一小学开展海洋、海韵、海娃“三海”活动课程，以此为契机探索德育优质化、学校个性化发展途径。

同时，“三海”活动与校园文化相融合，设立海韵文化课程，通过师生自编“口袋书”、师生自创班刊，建立班级文化阵地，实现自我教育。

七一小学将新修订的《中小学生守则》的落实贯穿于课程教学、社会实践、校园文化和学校管理的全过程，落实到学生的日常学习生活中。学校自主编写了校本教材——习惯养成“口袋书”，围绕进校、上课、升旗仪式等孩子们的一日生活编了20首朗朗上口的歌谣。同时，学校还通过“七一升旗风景线”“七一海娃文明微活动”等一系列日常活动，将社会主义核心价值观内化于心、外化于行。

除了日常活动外，七一小学还重视践行体验，结合重大节日、活动等契机，结合学雷锋、志愿服务、少年传承中华传统美德等系列活动，广泛开展主题活动。学校将3月的第二周和第三周设定为“感恩周”，每年3月，少先队都会启动“学会感恩——成就美丽人生”教育工程，同时还有多样的节日实践主题课程，涵盖海洋节、“童心向海”艺术节等活动。

在评价方面，学生的每次课堂互动、课后分享、实践体验等，都是进行评价的重要依据。在探索中，七一小学形成了多种评价方式，每学期开展“海娃之星”个人评选活动，通过评价让学生学会正确评估自己、评估他人，同时每学期还开展“文明礼仪示范班”评选活动，引导学生关注身边的榜样，找到努力的方向。

——原载于：《中国教育报》，2016年3月31日第3版，有改动

2. 吉林白城铁岭学校：孩子玩的大多是乡村特有的玩具

在吉林省白城市洮北区铁岭学校，孩子们玩的大多是乡村特有的玩具，整个校园都充满着浓浓的乡村田园气息。操场上有多种形状的活动场地，同学们在圆形的场地上丢手绢，在方形的场地上玩数树怀抱游戏，在菱形的场地上摇大绳、打垛子，在扇形的场地上做投掷游戏……铁岭学校把活动场地设计成各种形状，使课间活动不仅秩序井然，而且让综合实践课及数学课从室内走向室外，从书本走向生活。

校舍走廊有两个活动区，分别是“欻嘎啦哈”游戏区和棋类游戏区。“欻嘎啦哈”是北方古老的一种儿童游戏。“嘎啦哈”是取羊腿骨间块状的一个关节骨，经过打磨、加工而成。游戏时，通常将四个不同的面分别称为“坑儿”“背儿”“珍儿”“轮儿”。“嘎啦哈”游戏玩法较多，以弹、抓为主，对培养儿童眼和手的配合能力以及同伴之间的合作意识都有很好的效果。

在铁岭学校校园一角，建有约300平方米的“耕读园”。“耕读园”是学生专门体验春种秋收的场所。让学生在农事活动中体验劳动的艰辛和快乐，感受收获劳动成果的喜悦和幸福，使

他们逐渐领悟乡土对于人的重要意义。铁岭学校不仅把乡土文化实践课程做得有声有色，他们的校园文化建设也处处散发着浓浓的乡土气息。如“七彩跑桩”“梅花躲桩”“日月轮回”“鱼龙嬉水”等游戏场所，孩子们在尽情玩耍的同时，也受到了传统文化的熏陶和潜移默化的教育。目前，铁岭学校“耕读园”已经成为洮北区农村小学学农实践基地，有不少学校组织学生来参观体验。

——原载于：《中国教育报》，2016 年 8 月 30 日第 12 版，有改动

3. 浙江衢州二中：开展“最美”人物走进校园活动

作为全国文明单位，走过 63 年历程的浙江省衢州第二中学（简称“衢州二中”）让“最美”人物走进校园，是为了营造校园向美而行的氛围。

与德为邻，美好就在身边

衢州市柯城区人民医院“万少华团队”、“最美”大学生村官黄炊等相继走进校园。百闻不如一见，把好人请进校园，就是要让孩子们知道好人有血有肉、可感可触。与德为邻，必能见贤思齐。

回溯衢州二中的校史长卷，可以发现其精神血脉中，一直流淌着“最美基因”。曾经在央媒上被报道的衢州大学生村官黄炊，就是衢州二中毕业生。黄炊工作不久，突发白血病重症，急需用钱之际，她却没有动用好心人的捐款，转而将善款设立成救助基金，帮助其他遇到困难的大学生村官。

让情景化的价值观教育不再“高冷”

在衢州二中，每周一的班队活动课上，学生们会评选出上一周班内的“最美学生”，并将他的故事和照片张贴在校园内“爱国敬业诚信友善的二中人”专用展板上。

实际上，这种全校性的寻找、发现和弘扬真善美的现象，既是衢州二中熔铸核心价值观建设的一个缩影，更是其校园特色文化体系的锻造使然。如此的人文土壤，也为核心价值观教育提供了“入脑、入耳、入心”的独特路径。

比分数更重要的是做人

一年一度的美食节，在衢州二中意味着校园的狂欢。可这些年来，比美食更抢风头的是美德。2014 年的美食节，10 多个班级的学生纷纷发起公益募捐或文具义卖行动，公益活动成为比美食更抢风头的精神大餐。而在平时，校园里的微公益活动更是不胜枚举。

——原载于：《光明日报》，2016 年 1 月 4 日第 6 版，有改动

第五章
规范考试招生行为

本章导读

考试招生工作涉及千家万户，牵动亿万家庭，备受广大人民群众关注，一直是党和政府及教育行政部门高度重视的重点工作。规范中小学考试招生行为是考试招生制度改革的主要组成部分，是全面深化教育综合改革的重大举措，也是从起点上确保教育公平的有力抓手。广大中小学校长要坚决贯彻执行国家和教育行政部门关于考试招生的相关规定，坚持公开、公平、公正原则，落实义务教育免试就近入学制度，推进普通高中考试招生制度改革，加大特殊群体受教育权利的保障力度，维护每个少年儿童依法接受教育的权利，杜绝一切不规范的招生行为，努力建构公平有序、风清气正、党和人民满意的考试招生秩序。

要点摘编

学校或者其他教育机构违反国家有关规定招收学生的，由教育行政部门或者其他有关行政部门责令退回招收的学生，退还所收费用；对学校、其他教育机构给予警告，可以处违法所得五倍以下罚款；情节严重的，责令停止相关招生资格一年以上三年以下，直至撤销招生资格、吊销办学许可证；对直接负责的主管人员和其他直接责任人员，依法给予处分；构成犯罪的，依法追究刑事责任。

举办国家教育考试，教育行政部门、教育考试机构疏于管理，造成考场秩序混乱、作弊情况严重的，对直接负责的主管人员和其他直接责任人员，依法给予处分；构成犯罪的，依法追究刑事责任。

——以上见《全国人民代表大会常务委员会关于修改〈中华人民共和国教育法〉的决定》（中华人民共和国主席令第三十九号），2015 年 12 月 27 日

适龄儿童、少年免试入学。地方各级人民政府应当保障适龄儿童、少年在户籍所在地学校就近入学。

父母或者其他法定监护人在非户籍所在地工作或者居住的适龄儿童、少年，在其父母或者其他法定监护人工作或者居住地接受义务教育的，当地人民政府应当为其提供平等接受义务教育的条件。

县级人民政府教育行政部门对本行政区域内的军人子女接受

义务教育予以保障。

——以上见《中华人民共和国义务教育法》（中华人民共和国主席令第五十二号），2006 年 6 月 29 日

民办学校的招生简章和广告，应当报审批机关备案。

民办学校有下列行为之一的，由县级以上人民政府教育行政部门、人力资源社会保障行政部门或者其他有关部门责令限期改正，并予以警告；有违法所得的，退还所收费用后没收违法所得；情节严重的，责令停止招生、吊销办学许可证；构成犯罪的，依法追究刑事责任：

（一）擅自分立、合并民办学校的；

（二）擅自改变民办学校名称、层次、类别和举办者的；

（三）发布虚假招生简章或者广告，骗取钱财的；

（四）非法颁发或者伪造学历证书、结业证书、培训证书、职业资格证书的；

（五）管理混乱严重影响教育教学，产生恶劣社会影响的；

（六）提交虚假证明文件或者采取其他欺诈手段隐瞒重要事实骗取办学许可证的；

（七）伪造、变造、买卖、出租、出借办学许可证的；

（八）恶意终止办学、抽逃资金或者挪用办学经费的。

——以上见《全国人民代表大会常务委员会关于修改〈中华人民共和国民办教育促进法〉的决定》（中华人民共和国主席令第五十五号），2016 年 11 月 7 日

坚持以输入地政府管理为主、以全日制公办中小学为主，确保进城务工人员随迁子女平等接受义务教育。

——以上见《中共中央 国务院关于印发〈国家中长期教育改革和发展规划纲要（2010—2020年）〉的通知》（中发〔2010〕12号），2010年7月8日

到2018年基本消除66人以上超大班额，到2020年基本消除56人以上大班额。对大班额学校实行销号管理。

义务教育学校要加大对学习困难学生的帮扶力度，落实辍学学生劝返、登记和书面报告制度。针对农村残疾儿童实际，做到“一人一案”，切实保障农村残疾儿童平等接受义务教育权利。

建立以居住证为主要依据的随迁子女入学政策，切实简化优化随迁子女入学流程和证明要求。实现混合编班和统一管理，促进随迁子女融入学校和社区。公办和民办学校都不得向随迁子女收取有别于本地户籍学生的任何费用。

——以上见《国务院关于统筹推进县域内城乡义务教育一体化改革发展的若干意见》（国发〔2016〕40号），2016年7月2日

实行优质高中阶段学校招生名额合理分配到区域内初中的办法，招生名额适当向区域内农村学校倾斜。严禁公办普通高中违规跨区域、超计划招生，争抢生源，影响其他学校正常招生。依法加强对民办高中的招生管理。

——以上见《教育部等四部门关于印发〈高中阶段教育普

及攻坚计划（2017—2020 年）〉的通知》（教基〔2017〕1 号），2017 年 3 月 24 日

发挥优质学校的辐射带动作用，鼓励建立学校联盟，探索集团化办学，提倡对口帮扶，实施学区化管理，整体提升学校办学水平。

要坚持以流入地为主、以公办学校为主的“两为主”政策，将常住人口纳入区域教育发展规划，推行按照进城务工人员随迁子女在校人数拨付教育经费，适度扩大公办学校资源，尽力满足进城务工人员随迁子女在公办学校平等接受义务教育。在公办学校不能满足需要的情况下，可采取政府购买服务等方式保障进城务工人员随迁子女在依法举办的民办学校接受义务教育。

在普通学校开办特殊教育班或提供随班就读条件，接收具有接受普通教育能力的残疾儿童少年学习。

严禁在义务教育阶段设立重点校和重点班。

——以上见《国务院关于深入推进义务教育均衡发展的意见》（国发〔2012〕48 号），2012 年 9 月 5 日

学生学籍管理采用信息化方式，实行分级负责、省级统筹、属地管理、学校实施的管理体制。

学籍号以学生居民身份证号为基础生成，一人一号，终身不变。

学籍管理实行“籍随人走”。除普通学校接收特殊学校学生随班就读、特殊教育学校、工读学校外，学校不接收未按规定办

理转学手续的学生入学。残疾程度较重、无法进入学校学习的学生，由承担送教上门的学校建立学籍。

学校应当从学生入学之日起1个月内为其建立学籍档案。

学生转学或升学的，转入学校应通过电子学籍系统启动学籍转接手续，转出学校及双方学校学籍主管部门予以核办。

转入、转出学校和双方学校学籍主管部门应当分别在10个工作日内完成学生学籍转接。

学校应将义务教育阶段学生辍学情况依法及时书面上报当地乡镇人民政府、县级教育行政部门和学籍主管部门，在义务教育年限内为其保留学籍，并利用电子学籍系统进行管理。

——以上见《教育部关于印发〈中小学生学籍管理办法〉的通知》（教基一〔2013〕7号），2013年8月11日

政府的职责在于补短板、控底线。各地要认真履行义务教育控辍保学法定职责，严格落实义务教育法、未成年人保护法等法律法规，保障适龄儿童少年接受义务教育的权利。

学校要建立和完善辍学学生劝返复学、登记与书面报告制度，加强家校联系，配合政府部门做好辍学学生劝返复学工作。落实家长责任，父母或者其他法定监护人应当依法送适龄儿童少年按时入学接受并完成义务教育，无正当理由未送适龄儿童少年入学接受义务教育或造成辍学的，由当地乡镇人民政府或者县级人民政府教育行政部门给予批评教育，责令限期改正；逾期不改的，由司法部门依法发放相关司法文书，敦促其保证辍学学生尽早复学；情节严重或构成犯罪的，依法追究法律责任。

民政部门要将符合条件的家庭经济困难学生纳入社会救助政策保障范围。用人单位不得违法招用未满16周岁的未成年人。对违反义务教育法导致学生辍学的，任何社会组织或者个人有权向有关国家机关提出检举或控告。共青团、妇联、残联、社区要在控辍保学工作中发挥各自的作用。

通过在普通初中开设职业技术课程、组织普通初中学生到当地中等职业学校（含技工学校）选修职业教育专业课程等多种方式，积极促进农村初中普职教育融合，确保初中学生完成义务教育，为中职招生打下基础，提供多种成才渠道，使他们升学有基础、就业有能力，有针对性地防止初中生辍学。

建立健全学习帮扶制度，着力消除因学习困难或厌学而辍学的现象。各地要强化对学生的发展性评价、多元评价，促进学生全面发展，把对学习困难学生的发展性评价作为考核学校教育工作和教师教育教学工作实绩的重要内容。

全面落实教育扶贫和资助政策。各地要完善义务教育扶贫助学工作机制，认真落实义务教育“两免一补”、农村义务教育学生营养改善计划等惠民政策。加大对残疾学生就学支持力度，对符合资助政策的残疾学生和残疾人子女优先予以资助，建立完善残疾学生特殊学习用品、教育训练、交通费等补助政策。完善高中阶段教育和高等教育资助政策，加大对家庭经济困难学生资助力度，免除公办普通高中建档立卡等家庭经济困难学生学杂费，继续实施高校面向农村和贫困地区定向招生专项计划，畅通绿色升学通道，提高贫困地区义务教育学生升学信心。

各地各校要利用中小学生学籍信息管理系统（以下简称

学籍系统）做好辍学学生标注登记工作，并确保学籍系统信息与实际一致。教育部、公安部要建立学籍系统和国家人口基础信息库比对核查机制，及时发现未入学适龄少年儿童。各级教育部门和残联组织、安置帮教机构要共同核查未入学适龄残疾儿童少年、服刑人员未成年子女数据，安排他们以合适形式接受义务教育并纳入学籍管理，同时防止空挂学籍和中途辍学。

——以上见《国务院办公厅关于进一步加强控辍保学提高义务教育巩固水平的通知》（国办发〔2017〕72号），2017年7月28日

单校划片学校采用对口直升方式招生，即一所初中对口片区内所有小学毕业生入学。多校划片学校，先征求入学志愿，对报名人数少于招生人数的初中，学生直接入学；对报名人数超过招生人数的初中，以随机派位的方式确定学生。随机派位工作由县级教育行政部门统一组织，邀请相关单位和家长代表参与。

地方各级教育行政部门和公办、民办学校均不得采取考试方式选拔学生。公办学校不得以各类竞赛证书或考级证明作为招生入学依据。

要加大查处力度，重点纠正违规考试招生、不按就近原则安排入学、随意接收择校生及乱收费行为。

——以上见《教育部关于进一步做好小学升入初中免试就近入学工作的实施意见》（教基一〔2014〕1号），2014年1月14日

到2015年，重点大城市所有县（市、区）实行划片就近入学政策，100%的小学划片就近入学；90%以上的初中实现划片入学；每所划片入学的初中90%以上生源由就近入学方式确定。

逐步减少特长生招生学校和招生比例，到2016年经省级教育行政部门批准招收特长生的初中学校所招收的特长生比例应降到5%以内。没有特长生招生方式的省份不再增设该方式。

到2017年，重点大城市95%以上的初中实现划片入学；每所划片入学的初中95%以上的生源由就近入学方式确定。组织考试及与入学挂钩行为得到杜绝，与择校有关的乱收费得到根治。

不得违反《义务教育法》免试规定。入学工作禁止组织笔试、面试或任何变相形式的考试、考核。

不得抢夺生源和举办相关培训班。要纠正个别学校以各种学科类实验班名义招生的行为。禁止初中从小学各个年级选拔学生进行“特殊”培养，变相抢夺生源，破坏正常教育生态的行为。任何学校不得举办或参与举办各种培训班选拔生源。

坚决查处个别学校收取择校费的行为，坚决切断收取择校生与获得利益的联系。特别要治理通知家长到指定单位缴纳各种名义的择校费的行为。择校生不得享受优质高中到校指标。

——以上见《教育部办公厅关于进一步做好重点大城市义务教育免试就近入学工作的通知》（教基一厅〔2014〕1号），2014年1月28日

100%的小学实现划片就近入学，原则上每所小学全部生源由就近入学方式确定。90%以上的初中实现划片入学，每所划片入学的初中90%以上生源由就近入学方式确定。各城市要在教育资源配置不均衡、择校冲动强烈的城区，推广热点小学、初中多校划片，合理确定片区范围，缓解“学区房”问题。

学生学籍经正常招生程序进入学校后，其他学校不得任意调取其学籍。学生学籍确需在区县内学校间调取的，必须通过区县级教育行政部门；在区县间学校调取的，必须通过市级教育行政部门。

——以上见《教育部办公厅关于做好2015年城市义务教育招生入学工作的通知》（教基一厅〔2015〕1号），2015年3月23日

实行多校划片的，应通过随机派位方式分配热点学校招生名额。

一些地方人口分布和学校布局具有不均匀性、街区形状具有不规则性，就近入学并不意味着直线距离最近入学。

建立以居住证为主要依据的随迁子女入学政策，切实简化优化随迁子女入学流程和证明要求。学校要实行混合编班和统一管理，促进随迁子女融入学校和城市生活。

——以上见《教育部办公厅关于做好2016年城市义务教育招生入学工作的通知》（教基一厅〔2016〕1号），2016年1月26日

规范特长生招生，制止通过招收特长生方式收费的行为，制止公办学校以民办名义招生和收费的行为。严禁地方政府、有关单位和学校以任何名义收取与入学挂钩的捐资助学款。

——以上见《教育部等七部门关于2012年治理教育乱收费规范教育收费工作的实施意见》（教办〔2012〕4号），2012年4月25日

总体目标

2014年启动考试招生制度改革试点，2017年全面推进，到2020年基本建立中国特色现代教育考试招生制度，形成分类考试、综合评价、多元录取的考试招生模式，健全促进公平、科学选才、监督有力的体制机制，构建衔接沟通各级各类教育、认可多种学习成果的终身学习“立交桥”。

主要任务和措施

提高中西部地区和人口大省高考录取率。2017年录取率最低省份与全国平均水平的差距从2013年的6个百分点缩小至4个百分点以内。

2017年贫困地区农村学生进入重点高校人数明显增加，形成保障农村学生上重点高校的长效机制。

改革考试科目设置。考生总成绩由统一高考的语文、数学、外语3个科目成绩和高中学业水平考试3个科目成绩组成。保持统一高考的语文、数学、外语科目不变、分值不变，不分文理科，外语科目提供两次考试机会。计入总成绩的高中学业水平考试科目，由考生根据报考高校要求和自身特长，在思想政治、历

史、地理、物理、化学、生物等科目中自主选择。

2015 年起取消体育、艺术等特长生加分项目。

2015 年起推行自主招生安排在全国统一高考后进行。

探索基于统一高考和高中学业水平考试成绩、参考综合素质评价的多元录取机制。

——以上见《国务院关于深化考试招生制度改革的实施意见》（国发〔2014〕35 号），2014 年 9 月 3 日

考试科目

《普通高中课程方案（实验）》所设定的科目均列入学业水平考试范围。语文、数学、外语、思想政治、历史、地理、物理、化学、生物等科目考试，由省级教育行政部门统一组织。艺术（或音乐、美术）、体育与健康、通用技术、信息技术考试，可由省级教育行政部门制定统一要求，确定具体组织方式。

在实行高考综合改革的省（区、市），计入高校招生录取总成绩的学业水平考试 3 个科目，由学生根据报考高校要求和自身特长，在思想政治、历史、地理、物理、化学、生物等科目中自主选择。

考试对象

普通高中在校学生均须参加学业水平考试。

考试时间

学校要均衡安排每学年的授课科目，统筹确定每个年级的学生参加考试的科目数量，原则上高一年级 2 个科目左右，高二年

级 6 个科目左右，高三年级 6 个科目左右。

考试成绩使用

学业水平考试成绩合格，作为普通高中学生毕业以及高中同等学力认定的主要依据。

任何单位和个人不得根据学业水平考试成绩给学生排队，不得仅以考试成绩作为评价学校和教师的依据。

——以上见《教育部关于普通高中学业水平考试的实施意见》（教基二〔2014〕10 号），2014 年 12 月 10 日

高中学校要基于学生发展的年龄特征，结合当地教育教学实际，科学确定学生综合素质评价的具体内容和要求。

学校要对相关材料进行汇总，为每位学生建立综合素质档案。档案主要内容：①主要的成长记录，包括思想品德、学业水平、身心健康、艺术素养、社会实践五个方面的突出表现；②学生毕业时的简要自我陈述报告和教师在学生毕业时撰写的简要评语；③典型事实材料以及相关证明。

高中学校要将学生综合素质档案提供给高校招生使用。

综合素质评价由学校组织实施。学校要建立健全学生成长记录规章制度，明确本校综合素质评价的具体要求。

——以上见《教育部关于加强和改进普通高中学生综合素质评价的意见》（教基二〔2014〕11 号），2014 年 12 月 10 日

取消普通高中“三限”政策。普通高中学校要严格执行经核定的年度招生计划，严格按照规定录取新生，不得未经批准擅

自追加计划招生、超计划招生和无计划招生。严肃查处违规招收借读生、择校生等行为。

——以上见《教育部等四部门关于2016年规范教育收费治理教育乱收费工作的实施意见》（教办〔2016〕4号），2016年5月12日

改革目标

到2020年左右初步形成基于初中学业水平考试成绩、结合综合素质评价的高中阶段学校考试招生录取模式和规范有序、监督有力的管理机制，促进学生全面发展健康成长，维护教育公平。

主要任务

把《义务教育课程设置实验方案》所设定的全部科目纳入初中学业水平考试的范围，引导学生认真学习每门课程，确保初中教育的基本质量。依据义务教育课程标准确定初中学业水平考试内容，提高命题质量，减少单纯记忆、机械训练性质的内容，增强与学生生活、社会实际的联系，注重考查学生综合运用所学知识分析问题和解决问题的能力。

初中学校要将用于招生使用的活动记录和事实材料进行公示、审核，为每位学生建立综合素质评价档案，提供给高中学校招生使用。

试点地区要改革录取计分科目的构成，从初中学业水平考试科目中选择部分科目作为录取计分科目，除语文、数学、外语科目外，根据文理兼顾、负担适度的原则，确定其他具体科目及数

量，防止群体性偏科和加重学生负担。要将体育科目纳入录取计分科目。有条件的试点地区，在初中学业水平考试各门科目合格的前提下，也可以给予学生一定的自主选择录取计分科目的机会，发挥学科优势，促进学生发展兴趣爱好。

综合改革试点从2017年之后入学的初中一年级学生开始实施。试点之外的其他地区，可以继续按照现行的招生录取方式进行招生。

要给予有条件的高中阶段学校一定数量的自主招生名额，招收具有学科特长、创新潜质的学生，推动高中阶段学校多样化有特色发展，满足不同潜质学生的发展需要。严格规范自主招生办法和程序，将自主招生的各个环节和录取结果向社会公开，接受社会监督。

按照普及高中阶段教育的要求，根据区域内学校布局、适宜的学校规模和班额以及普职招生规模大体相当的原则核定招生计划并严格执行。健全招生管理工作规定，规范学校招生行为，进一步明确招生范围、招生规模等基本要求，严禁违规跨区域和擅自提前招生，防止恶性竞争，维护正常的招生秩序。

取消体育、艺术等学生加分项目，相关特长和表现等计入学生综合素质评价档案。

——以上见《教育部关于进一步推进高中阶段学校考试招生制度改革的指导意见》（教基二〔2016〕4号），2016年9月18日

学前教育机构、各级各类学校及其他教育机构应当依照本条例以及国家有关法律、法规的规定，实施残疾人教育；对符合法

律、法规规定条件的残疾人申请入学，不得拒绝招收。

招收残疾学生的普通学校应当将残疾学生合理编入班级；残疾学生较多的，可以设置专门的特殊教育班级。

——以上见《残疾人教育条例》（中华人民共和国国务院令第674号），2017年2月1日

优先安排残疾儿童少年就近或者到指定的具备条件的普通学校接受义务教育，对于学习和生活上需要特别支持的残疾学生，要提供专业支持。对于不能接受普通教育的残疾儿童少年，安置到特殊教育学校入学，没有特教学校的区县由地市教育行政部门统筹。

——以上见《教育部办公厅中国残联办公厅关于做好残疾儿童少年义务教育招生入学工作的通知》（教基厅〔2017〕1号），2017年4月20日

到2020年，各级各类特殊教育普及水平全面提高，残疾儿童少年义务教育入学率达到95%以上，非义务教育阶段特殊教育规模显著扩大。特殊教育学校、普通学校随班就读和送教上门的运行保障能力全面增强。

以区县为单位，逐一核实未入学适龄残疾儿童少年数据。通过特殊教育学校就读、普通学校就读、儿童福利机构（含未成年人救助保护机构）特教班就读、送教上门等多种方式，落实“一人一案”，做好教育安置。儿童福利机构特教班就读和接受送教上门服务的残疾学生纳入中小学生学籍管理。

优先采用普通学校随班就读的方式，就近安排适龄残疾儿童少年接受义务教育。以区县为单位统筹规划，重点选择部分普通学校建立资源教室，配备专门从事残疾人教育的教师（以下简称“资源教师”），指定其招收残疾学生。其他招收残疾学生5人以上的普通学校也要逐步建立特殊教育资源教室。

到2020年，基本实现市（地）和30万人口以上、残疾儿童少年较多的县（市）都有一所特殊教育学校。不足30万人口没有特殊教育学校的县，由地市对行政区域内的特殊教育学校招生进行统筹。鼓励各地积极探索举办孤独症儿童少年特殊教育学校（部）。

普通高中和中等职业学校通过随班就读、举办特教班等扩大招收残疾学生的规模。招生考试机构为残疾学生参加中考提供合理便利。

——以上见《教育部等七部门关于印发〈第二期特殊教育提升计划（2017—2020年）〉的通知》（教基〔2017〕6号），2017年7月17日

案例选编

1. 山西晋中：均衡编班赢得百姓好口碑

“不用找关系，也不用花钱择校，顺顺利利就上了学、编了班，划片就近，阳光招生均衡编班就是好！谁也做不了手脚，真正让老百姓得了实惠。”在山西省晋中市2012年中小学编班仪式榆次区现场，学生家长目睹均衡编班全过程，连声称赞。

当天，晋中市所属12个县（区市）都在晋中市教育行政部门统一安排下，同一时间运用同样的程序，为118所城区学校近4万名学生统一电脑派位，均衡编班。

工作人员将录入好的新生名单打开，设置好男女比例、人数等信息，轻点鼠标，电脑几秒钟后便自动生成分班结果，显示在投影幕布上，工作人员打印出分班名单，张贴在公告栏中。

这样的编班程序，周而复始、有条不紊地进行着。没有暗箱操作，只有阳光透明；没有重点班和非重点班，只有平等的平行班；没有“大班额”，每个班都是50人以内。

台上，工作人员严格按程序一步步操作；台下，几千双眼睛在盯着每个环节。人大、政协、纪检、纠风、媒体等单位以及学生、教师、家长几千人都在台下见证并监督编班全过程。

编班结束后，为了避免家长、学生以转学等名义再进行择班，晋中市严格推行“三不动”政策：编班花名册和任课教师花名册公布后不得变动；未报到学生入班时不得变动班级；编班后，学校间学生不得变动。

——原载于：《中国教育报》，2012 年 9 月 1 日第 1、第 3 版，有改动

2. 浙江宁波：落实免试就近入学，保障教育公平公正

巩固义务教育严控择校成果。一是坚持就近入学。2015 年，宁波市户籍适龄儿童就读小学，以适龄儿童和法定监护人户籍登记地与实际居住地一致为依据，实行就近入学。二是坚持“零择校”。2015 年，全市各地均已实现“零择校”。同时，规范特长生招生，原来有特长生招生项目的学校，招生数严格控制在 5%以内，原来没有的学校不再增设。三是坚持免试入学。禁止组织笔试、面试或任何变相形式的考试，任何学校不得举办或参与举办各种培训班选拔生源，不得以各类竞赛、等级考证书等为依据选拔和录取学生。禁止从小学各个年级选拔学生进行“特殊”培养。实行均衡编班，严禁举办各种类型的“实验班”等。

有序推进民办初中招生改革。一是改进招生方式。坚持民办初中应合理设置招生范围，以不考试为前提，依法依规自主进行招生。二是纳入统一平台。宁波市教育局设计开发报名招生平台，各校跨区域招生，从计划发布到招生报名，再到录取结果公布，都必须在统一的平台上进行。三是加强督促检查。对民办学校扰乱正常招生与教学秩序的，由学校主管教育行政部门责令校长或有关责任人员及时纠正。

全面实施义务教育阳光招生。一是重信息公开。各地教育行政部门和学校通过本单位网站和其他形式主动向社会公开义务教育阶段学校招生入学工作信息。二是重政策延续。各地义务教育

阶段学校招生政策如有重大调整，要进行政策风险评估，审慎论证，广泛征求意见，积极稳妥地处理好调整前后政策的衔接。各地出台的招生政策报市教育局备案。三是重考核评估。将年度招生与学籍管理工作纳入对县（市）区人民政府年度教育目标考核和学校教育综合督导内容。

——原载于：中华人民共和国教育部网站，2016 年 3 月 21 日，有改动

3. 海南 16 所思源实验学校：不超计划招生

思源实验学校建设是海南省委、省政府教育扶贫移民重大民生工程的一项重要举措。目前运行的 16 所思源实验学校，发展势头良好，获得了广大学生、家长和社会的高度肯定和赞誉。但是，随着思源实验学校办学知名度的提高，有关问题，如招生服务面向错位、超规模办学、大班额现象等也随之而至，这些问题如不及时采取措施加以解决，必然会对学校发展带来负面影响。

为确保思源实验学校稳定、和谐、健康发展，保证思源实验学校在执行教育扶贫移民政策的过程中不走样、不变样，贯彻好、落实好省委、省政府的教育扶贫移民政策，省教育厅要求思源实验学校必须坚持教育扶贫移民的宗旨和办学方向，招生必须主要面向边远贫困农村和生态核心保护区的适龄儿童少年，保持原定的生源地招生比例不降低。

思源实验学校带头贯彻落实海南省政府办公厅出台的《关于规范中小学办学行为的意见》，对当前因招生引起的超规模大班额问题及时予以纠正，并在招生过程中做到“五不准”：1. 不

准学校超计划招生、盲目扩大学校办学规模，学校办学规模控制在原规划设计的规模内；2. 不准突破班额限制，每班人数不得大于50人；3. 不准设置重点班，要做到均等分班；4. 不准对学生入学进行选拔性考试；5. 不准占用实验室、图书室、多媒体教室、计算机室等功能室、活动室增加班级和招生人数，努力为学生创造一个良好的教育环境。

——原载于：南海网，2012年8月8日，有改动

第六章
重视学校安全工作

本章导读

中小学生安全问题，直接关系到两亿多青少年学生和亿万家庭的幸福。确保中小学生在校安全是学校教育的底线。中小学校长必须从建设社会主义和谐社会的高度，增强做好学校安全工作的责任感和紧迫感，重视加强学校治安保卫和预防犯罪工作，维护好校园的安全和稳定，切实保护学生的身心健康和生命安全。从另一个角度讲，安全素养是人的基本素养，学校教育理应把培养学生的安全素养作为重要任务，真正实现安全教育的课程化、制度化、常态化，从而培养学生终身安全的能力。

要点摘编

建立健全安全保卫制度和工作机制，完善人防、物防和技防措施。加强师生安全教育和学校安全管理，提高预防灾害、应急避险和防范违法犯罪活动的能力。加强校园和周边环境治安综合治理，为师生创造安定有序、和谐融洽、充满活力的工作、学习、生活环境。

——以上见《中共中央 国务院关于印发〈国家中长期教育改革和发展规划纲要（2010—2020 年）〉的通知》（中发〔2010〕12 号），2010 年 7 月 8 日

校内安全管理制度

学校应当遵守有关安全工作的法律、法规和规章，建立健全校内各项安全管理制度和安全应急机制，及时消除隐患，预防发生事故。

学校应当建立校内安全工作领导机构，实行校长负责制。

学校应当建立校内安全定期检查制度和危房报告制度。

学校应当在校内高地、水池、楼梯等易发生危险的地方设置警示标志或者采取防护设施。

学校应当严格执行《学校食堂与学生集体用餐卫生管理规定》、《餐饮业和学生集体用餐配送单位卫生规范》，严格遵守卫生操作规范。

学校应当按照国家有关规定配备具有从业资格的专职医务（保健）人员或者兼职卫生保健教师。有条件的学校，应当设立

卫生（保健）室。

学校购买或者租用机动车专门用于接送学生的，应当建立车辆管理制度，并及时到公安机关交通管理部门备案。

学校应当建立安全工作档案，记录日常安全工作、安全责任落实、安全检查、安全隐患消除等情况。

日常安全管理

学校应当按照《学校体育工作条例》和教学计划组织体育教学和体育活动，并根据教学要求采取必要的保护和帮助措施。

安全教育

学校应当在开学初、放假前，有针对性地对学生集中开展安全教育。

学校应当对学生开展安全防范教育，使学生掌握基本的自我保护技能，应对不法侵害。

学校应当对学生开展消防安全教育，有条件的可以组织学生到当地消防站参观和体验，使学生掌握基本的消防安全知识，提高防火意识和逃生自救的能力。

学校应当每学期至少开展一次针对洪水、地震、火灾等灾害事故的紧急疏散演练，使师生掌握避险、逃生、自救的方法。

安全事故处理

校园内发生火灾、食物中毒、重大治安等突发安全事故以及自然灾害时，学校应当启动应急预案，及时组织教职工参与抢险、救助和防护，保障学生身体健康和人身、财产安全。

发生学生伤亡事故时，学校应当按照《学生伤害事故处理办法》规定的原则和程序等，及时实施救助，并进行妥善处理。

奖励与责任

学校不履行安全管理和安全教育职责，对重大安全隐患未及时采取措施的，有关主管部门应当责令其限期改正；拒不改正或者有下列情形之一的，教育行政部门应当对学校负责人和其他直接责任人员给予行政处分；构成犯罪的，依法追究刑事责任：

（一）发生重大安全事故、造成学生和教职工伤亡的；

（二）发生事故后未及时采取适当措施、造成严重后果的；

（三）瞒报、谎报或者缓报重大事故的；

（四）妨碍事故调查或者提供虚假情况的；

（五）拒绝或者不配合有关部门依法实施安全监督管理职责的。

——以上见《中小学幼儿园安全管理办法》（中华人民共和国教育部令第 23 号），2006 年 6 月 30 日

无民事行为能力人在幼儿园、学校或者其他教育机构学习、生活期间受到人身损害的，幼儿园、学校或者其他教育机构应当承担责任，但能够证明尽到教育、管理职责的，不承担责任。[①]

限制民事行为能力人在学校或者其他教育机构学习、生活期间受到人身损害，学校或者其他教育机构未尽到教育、管理职责的，应当承担责任。[②]

---

① 此种情形下，幼儿园、学校或者其他教育机构负有自身无责的举证责任，不能举证或举证不成立的，推定幼儿园、学校或者其他教育机构有责。——编者注

② 此种情形下，学校或者其他教育机构未尽到教育、管理职责的举证责任在受到人身损害的当事人一方。——编者注

无民事行为能力人或者限制民事行为能力人在幼儿园、学校或者其他教育机构学习、生活期间，受到幼儿园、学校或者其他教育机构以外的人员人身损害的，由侵权人承担侵权责任；幼儿园、学校或者其他教育机构未尽到管理职责的，承担相应的补充责任。

——以上见《中华人民共和国侵权责任法》（中华人民共和国主席令第二十一号），2009 年 12 月 26 日

事故与责任

因下列情形之一造成的学生伤害事故，学校应当依法承担相应的责任：

（一）学校的校舍、场地、其他公共设施，以及学校提供给学生使用的学具、教育教学和生活设施、设备不符合国家规定的标准，或者有明显不安全因素的；

（二）学校的安全保卫、消防、设施设备管理等安全管理制度有明显疏漏，或者管理混乱，存在重大安全隐患，而未及时采取措施的；

（三）学校向学生提供的药品、食品、饮用水等不符合国家或者行业的有关标准、要求的；

（四）学校组织学生参加教育教学活动或者校外活动，未对学生进行相应的安全教育，并未在可预见的范围内采取必要的安全措施的；

（五）学校知道教师或者其他工作人员患有不适宜担任教育教学工作的疾病，但未采取必要措施的；

（六）学校违反有关规定，组织或者安排未成年学生从事不宜未成年人参加的劳动、体育运动或者其他活动的；

（七）学生有特异体质或者特定疾病，不宜参加某种教育教学活动，学校知道或者应当知道，但未予以必要的注意的；

（八）学生在校期间突发疾病或者受到伤害，学校发现，但未根据实际情况及时采取相应措施，导致不良后果加重的；

（九）学校教师或者其他工作人员体罚或者变相体罚学生，或者在履行职责过程中违反工作要求、操作规程、职业道德或者其他有关规定的；

（十）学校教师或者其他工作人员在负有组织、管理未成年学生的职责期间，发现学生行为具有危险性，但未进行必要的管理、告诫或者制止的；

（十一）对未成年学生擅自离校等与学生人身安全直接相关的信息，学校发现或者知道，但未及时告知未成年学生的监护人，导致未成年学生因脱离监护人的保护而发生伤害的；

（十二）学校有未依法履行职责的其他情形的。

因学校教师或者其他工作人员与其职务无关的个人行为，或者因学生、教师及其他个人故意实施的违法犯罪行为，造成学生人身损害的，由致害人依法承担相应的责任。

事故处理程序

发生学生伤害事故，学校应当及时救助受伤害学生，并应当及时告知未成年学生的监护人；有条件的，应当采取紧急救援等方式救助。

发生学生伤害事故，情形严重的，学校应当及时向主管教育行政部门及有关部门报告。

发生学生伤害事故，学校与受伤害学生或者学生家长可以通过协商方式解决；双方自愿，可以书面请求主管教育行政部门进行调解。

事故损害的赔偿

学校对学生伤害事故负有责任的，根据责任大小，适当予以经济赔偿，但不承担解决户口、住房、就业等与救助受伤害学生、赔偿相应经济损失无直接关系的其他事项。

学校无责任的，如果有条件，可以根据实际情况，本着自愿和可能的原则，对受伤害学生给予适当的帮助。

学校有条件的，应当依据保险法的有关规定，参加学校责任保险。

——以上见《学生伤害事故处理办法》（中华人民共和国教育部令第12号），2002年6月25日

学校要根据学生群体和年龄特点，有针对性地开展安全专题教育，定期组织应对地震、火灾等情况的应急疏散演练。

学校要明确安全是办学的底线，切实承担起校内安全管理的主体责任，对校园安全实行校长（园长）负责制，健全校内安全工作领导机构，落实学校、教师对学生的教育和管理责任，狠抓校风校纪，加强校内日常安全管理，做到职责明确、管理有方。

学校要与社区、家长合作，有条件的建立学校安全保卫志愿者队伍，在上下学时段维护学校及校门口秩序。

各级教育部门、公安机关和学校要在信息沟通、应急处置等方面加强协作，健全联动机制。

学校要切实履行教育、管理责任，设立学生求助电话和联系人，及早发现、及时干预和制止欺凌、暴力行为。

教育部门和学校要建立健全新闻发言人制度，增强事故发生后的舆情应对能力。

——以上见《国务院办公厅关于加强中小学幼儿园安全风险防控体系建设的意见》（国办发〔2017〕35号），2017年4月25日

积极有效预防学生欺凌和暴力

切实加强中小学生思想道德教育、法治教育和心理健康教育。

认真开展预防欺凌和暴力专题教育。要强化学生校规校纪教育，通过课堂教学、专题讲座、班团队会、主题活动、编发手册、参观实践等多种形式，提高学生对欺凌和暴力行为严重危害性的认识，增强自我保护意识和能力，自觉遵守校规校纪，做到不实施欺凌和暴力行为。研制学校防治学生欺凌和暴力的指导手册，全面加强教职工特别是班主任专题培训，提高教职工有效防治学生欺凌和暴力的责任意识和能力水平。

中小学校要制定防治学生欺凌和暴力工作制度，将其纳入学校安全工作统筹考虑，健全应急处置预案，建立早期预警、事中处理及事后干预等机制。要加强师生联系，密切家校沟通。

严格落实值班、巡查制度，禁止学生携带管制刀具等危险物

品进入学校，针对重点学生、重点区域、重点时段开展防治工作。对发现的欺凌和暴力事件线索和苗头要认真核实、准确研判，对早期发现的轻微欺凌事件，实施必要的教育、惩戒。

依法依规处置学生欺凌和暴力事件

一旦发现学生遭受欺凌和暴力，学校和家长要及时相互通知，对严重的欺凌和暴力事件，要向上级教育主管部门报告，并迅速联络公安机关介入处置。

对实施欺凌和暴力的中小学生必须依法依规采取适当的矫治措施予以教育惩戒。

欺凌和暴力事件妥善处置后，学校要持续对当事学生追踪观察和辅导教育。

切实形成防治学生欺凌和暴力的工作合力

中小学校要把防治学生欺凌和暴力作为加强平安文明校园建设的重要内容。学校党组织要充分发挥政治核心作用，加强组织协调和教育引导。校长是学校防治学生欺凌和暴力的第一责任人，分管法治教育副校长和班主任是直接责任人。

——以上见《教育部等九部门关于防治中小学生欺凌和暴力的指导意见》（教基一〔2016〕6号），2016年11月1日

开展教育。各校要集中对学生开展以校园欺凌治理为主题的专题教育，开展品德、心理健康和安全教育，邀请公安、司法等相关部门到校开展法制教育。组织教职工集中学习对校园欺凌事件预防和处理的相关政策、措施和方法等。

完善制度。各校要制定完善校园欺凌的预防和处理制度、措

施，建立校园欺凌事件应急处置预案，明确相关岗位教职工预防和处理校园欺凌的职责。

加强预防。各校要加强校园欺凌治理的人防、物防和技防建设，充分利用心理咨询室开展学生心理健康咨询和疏导，公布学生救助或校园欺凌治理的电话号码并明确负责人。

及时处理。各校要及时发现、调查处置校园欺凌事件，严肃处理实施欺凌的学生。涉嫌违法犯罪的，要及时向公安部门报案并配合立案查处。

——以上见《国务院教育督导委员会办公室关于开展校园欺凌专项治理的通知》（国教督办函〔2016〕22号），2016年4月28日

中小学校要对农村留守儿童受教育情况实施全程管理，利用电话、家访、家长会等方式加强与家长、受委托监护人的沟通交流，了解农村留守儿童生活情况和思想动态，帮助监护人掌握农村留守儿童学习情况，提升监护人责任意识和教育管理能力；帮助农村留守儿童通过电话、视频等方式加强与父母的情感联系和亲情交流。寄宿制学校要完善教职工值班制度，落实学生宿舍安全管理责任，丰富校园文化生活，引导寄宿学生积极参与体育、艺术、社会实践等活动，增强学校教育吸引力。

学校、幼儿园、医疗机构、村（居）民委员会、社会工作服务机构、救助管理机构、福利机构及其工作人员，在工作中发现农村留守儿童脱离监护单独居住生活或失踪、监护人丧失监护能力或不履行监护责任、疑似遭受家庭暴力、疑似遭受意外伤害

或不法侵害等情况的，应当在第一时间向公安机关报告。

——以上见《国务院关于加强农村留守儿童关爱保护工作的意见》（国发〔2016〕13 号），2016 年 2 月 4 日

优先满足留守儿童教育基础设施建设。留守儿童集中的地区，要通过科学规划建设农村寄宿制学校，优先满足留守儿童寄宿需求。

优先改善留守儿童营养状况。还未实施营养改善计划的地区，要积极创造条件，优先解决好留守儿童在校吃饭问题。

优先保障留守儿童交通需求。

加强留守儿童受教育全程管理。全面建立留守儿童档案，将父母外出务工情况和监护人变化情况逐一进行登记并及时更新，准确掌握留守儿童信息，为有针对性地开展管理服务工作提供支持。

加强留守儿童心理健康教育。学校要重视留守儿童心理健康教育，将其作为重要内容纳入教育教学计划。

加强留守儿童法制安全教育。学校要加强安全教育，组织安全演练，提高防范意识，增强留守儿童自救自护、应急避险能力，预防溺水、煤气中毒、食物中毒等意外事故对留守儿童的伤害。

加强家校联动组织工作。留守儿童集中的学校和班级组建家长委员会时，要遴选热心留守儿童工作的家长或监护人参加。

——以上见《教育部等 5 部门关于加强义务教育阶段农村留

守儿童关爱和教育工作的意见》（教基一〔2013〕1 号），2013 年 1 月 4 日

落实消防安全责任。学校应当依法建立并落实逐级消防安全责任制。学校法定代表人或主要负责人对本单位消防安全工作负总责。学校应当明确消防工作管理部门，配备专（兼）职消防管理人员，建立志愿消防队，具体实施消防安全工作。

开展防火检查。学校消防安全责任人或消防安全管理人员应当每月至少组织开展一次校园防火检查，并在开学、放假和重要节庆等活动期间开展有针对性的防火检查，对发现的消防安全问题，应当及时整改。

开展防火巡查。学校应当每日组织开展防火巡查，加强夜间巡查，并明确巡查人员、部位。

加强消防设施器材配备和管理。学校应当按照国家、行业标准配置消防设施、器材，并依照规定进行维护保养和检测，确保完好有效。

规范消防安全标识。学校应当规范设置消防安全标志、标识。

开展消防安全教育培训。学校应当每年至少对教职员工开展一次全员消防安全培训，教职员工新上岗、转岗前应当经过岗前消防安全培训。学校应当将消防安全知识纳入学生课堂教学内容，并选聘消防专业人员担任学校的兼职消防辅导员。

开展消防演练。学校应当制定本单位灭火和应急疏散预案。举办重要节庆、文体等活动时，应制定有针对性的灭火和应急疏散预案。

严格落实责任追究制度。学校应当将消防安全工作纳入校内评估考核内容。学校违反消防安全管理规定或者发生重特大火灾的，除依据消防法的规定进行处罚外，教育行政部门应当取消其当年评优资格，并按照国家有关规定对有关主管人员和责任人员依法追究责任。

——以上见《教育部 公安部关于加强中小学幼儿园消防安全管理工作的意见》(教督〔2015〕4号)，2015年8月18日

人防建设规范

中小学校长、幼儿园园长是学校内部安全保卫工作第一责任人。

学校保安员应当按照不低于以下标准配备：师生员工总人数少于100人的学校至少配1名专职保安员；100人以上1000人以下的学校，至少配2名专职保安员；超过1000人的学校，每增加500名学生增配1名专职保安员。寄宿制学校至少配2名专职保安员，在上述标准的基础上每增加300名寄宿生增配1名专职保安员。

物防建设规范

学校应当设置高度不低于2米的围墙或其他实体屏障，实行封闭式管理。

学校门卫值班室应当按执勤人数配备以下防卫器械：防暴头盔（1顶/人）、防护盾牌（1副/人）、防刺背心（1套/人）、防割手套（1副/人）、橡胶警棍（1支/人）、强光电筒（1支/人）、自卫喷雾剂（1支/人）、安全钢叉2套。

针对学校周边治安特点，设置相应的安全防控设施，强化校门及周边区域安全防范能力。

学校视频监控室、财务室、实验室、计算机室等贵重物品和设备点，档案室、中考高考试卷保管室等保密资料存放点，有毒、有害、易燃等危险品存放场所的出入口应当安装防盗安全门，窗户应当安装金属防护栏等防护设施。

教学楼、学生宿舍、食堂等学生集中学习和生活场所应当按国家有关消防技术规范设置消防设施、配备消防器材。

技防建设规范

学校门卫值班室应设置一键式紧急报警装置，并与属地接警中心联网。

学校应设置安防监控室，对本单位的视频图像采集、报警、电子巡查及系统信息通过管理软件实现联动管理，视频图像采集系统和报警系统应接入公安机关监控和报警平台。

学校重点部位和区域可根据需要设置电子巡查装置及其它技术防范措施。

——以上见《公安部办公厅 教育部办公厅关于印发〈中小学幼儿园安全防范工作规范（试行）〉的通知》（公治〔2015〕168 号），2015 年 3 月 16 日

中小学校每月至少要开展一次应急疏散演练。应急疏散演练可与学校升旗、课间操、集体活动等相结合。

在确保安全的基础上，有住宿学生和晚自习学生的学校要重点加强就餐时间、午休时间和夜间应急疏散演练。使用校车的学

校，还应定期组织学生进行校车安全事故应急处理演练。

学校应根据演练方案的要求，建立健全演练组织机构。

——以上见《教育部办公厅关于印发〈中小学幼儿园应急疏散演练指南〉的通知》（教基一厅〔2014〕2号），2014年2月22日

要通过课堂教学、讲座、班队会、主题活动、编发手册等多种形式开展性知识教育、预防性侵犯教育，提高师生、家长对性侵犯犯罪的认识。

建立低年级学生上下学接送交接制度。健全学生请假、销假制度，严禁学生私自离校。

寄宿制学校要对所有女生宿舍实行“封闭式”管理，尚未实现“封闭式”管理的要抓紧时间改善宿舍条件。

一旦发现学生在学校内遭受性侵犯，学校或家长要立即报警并彼此告知，同时学校要及时向上级教育主管部门报告。要与共青团、妇联、家庭和医院等积极配合，向被性侵犯的学生及其家人提供帮助。被性侵犯的学生有转学需求的，教育部门和学校应予以安排。

要将预防性侵犯教育作为安全教育的重要内容，在开学后、放假前等重点时段集中开展，纳入对新上岗教职工和新入学学生的培训教育中。

——以上见《教育部 公安部 共青团中央 全国妇联关于做好预防少年儿童遭受性侵工作的意见》（教基一〔2013〕8号），2013年9月3日

学校安全工作领导小组

全面负责学校安全工作，校长是领导小组组长，其他成员分工负责。领导小组下设安全保卫机构（保卫处），由分管安全工作的副校长分管。配备一定数量的专（兼）职保卫人员，建立高效规范的学校安全工作网络体系。

校长

学校安全工作的第一责任人。

认真贯彻落实国家有关学校安全工作的法律法规和上级对学校安全工作的部署。

全面负责学校安全工作，建立健全组织机构和防范体系，落实责任制，依法制定学校各项安全管理制度和应急预案。

建立安全工作奖惩制度，把安全工作纳入各部门、个人履职考核，与评优推先和绩效考核挂钩，调动全体教职工共同做好学校安全工作的积极性。

——以上见《教育部办公厅关于印发〈中小学校岗位安全工作指南〉的通知》（教基一厅〔2013〕4号），2013年5月6日

学校和校车服务提供者

配备校车的学校和校车服务提供者应当建立健全校车安全管理制度，配备安全管理人员，加强校车的安全维护，定期对校车驾驶人进行安全教育。

学校应当将校车安全管理责任书报县级或者设区的市级人民政府教育行政部门备案。

校车使用许可

配备校车的学校和校车服务提供者应当按照国家规定做好校车的安全维护，建立安全维护档案，保证校车处于良好技术状态。

校车通行安全

学校和校车服务提供者不得要求校车驾驶人超员、超速驾驶校车。

校车乘车安全

配备校车的学校、校车服务提供者应当指派照管人员随校车全程照管乘车学生。

学校和校车服务提供者应当定期对随车照管人员进行安全教育，组织随车照管人员学习道路交通安全法律法规、应急处置和应急救援知识。

法律责任

学校违反本条例规定的，除依照本条例有关规定予以处罚外，由教育行政部门给予通报批评；导致发生学生伤亡事故的，对政府举办的学校的负有责任的领导人员和直接责任人员依法给予处分；对民办学校由审批机关责令暂停招生，情节严重的，吊销其办学许可证，并由教育行政部门责令负有责任的领导人员和直接责任人员5年内不得从事学校管理事务。

——以上见《校车安全管理条例》（中华人民共和国国务院令第617号），2012年4月5日

学校安全技术防范系统中使用的产品应符合国家现行相关标

准的要求，经检验或认证合格，并防止造成对人员的伤害。

学校安全技术防范系统应留有联网接口。

下列部位和区域确定为学校安全技术防范系统的重点部位和区域：

a）学校大门外一定区域；

b）学校周界；

c）学校大门口；

d）门卫室（传达室）；

e）室外人员集中活动区域；

f）教学区域主要通道和出入口；

g）学生宿舍楼（区）主要出入口和值班室；

h）食堂操作间和储藏室及其出入口、就餐区域；

i）易燃易爆等危险品储存室、实验室；

j）贵重物品存放处；

k）水电气热等设备间；

l）安防监控室。

注：学校大门外一定区域是指学生上下学时段，校门外人员密集集中的区域。

——以上见《国家质检总局 国家标准委关于批准发布〈锚链涂漆和标志〉等722项国家标准和47项国家标准样品的公告》之中华人民共和国国家标准GB/T29315-2012《中小学、幼儿园安全技术防范系统要求》（中华人民共和国国家标准批准发布公告〔2012〕41号），2012年12月31日落实学校、幼儿园内部安全管理责任。坚持谁主管谁负责、谁开办谁负责的原则，落实学校校长、幼儿园园长作为校园内部安全管理第一责任人的责任。

学校、幼儿园应设置治安保卫机构，根据需要配备一定数量的专、兼职治安保卫人员，配备专职门卫，并将治安保卫机构设置和人员配备情况报县级公安机关备案。

学校、幼儿园要落实每日值班制度。严格实行每月安全隐患自查制度，发现问题及时整改。寄宿制学校、幼儿园要实行住宿学生请假登记、夜间巡查等制度。

城市所有学校和幼儿园、农村中心小学以及其他规模以上学校和幼儿园，要在 2010 年秋季开学前配齐重点部位视频监控和报警设施。新建、扩建、改建学校、幼儿园时，要将安全设施纳入建设规划。校园监控室要确保 24 小时有人值守，并认真填写值班记录。

学校、幼儿园要按照国家课程标准和地方课程设置要求，将安全教育纳入教学内容，每学期开展一次以上以学生自身防护等为主题的安全防范教育，每周利用课间操组织一次学生疏散演练活动。教育部门要加强教师队伍管理，做好校园内部工作人员背景审查工作，严把准入关。

——以上见中央综治办、教育部、公安部《关于进一步加强学校幼儿园安全防范工作建立健全长效工作机制的意见》（公通字〔2010〕38 号），2010 年 8 月 23 日

实施途径

学校要在学科教学和综合实践活动课程中渗透公共安全教育内容。小学阶段主要在品德与生活、品德与社会课程中进行。

对无法在其他学科中渗透的公共安全教育内容，可以利用地方课程的时间，采用多种形式，帮助学生系统掌握公共安全知识和技能。要充分利用班、团、校会、升旗仪式、专题讲座、墙报、板报、参观和演练等方式，采取多种途径和方法全方位、多角度地开展公共安全教育。

公共安全教育可以针对单一主题或多个主题来设计教学活动；通过游戏、实际体验、影片欣赏、角色扮演等活动，也可以运用广播、电视、计算机、网络等现代教育手段进行教学。公共安全教育的形式在小学以游戏和模拟为主，初中以活动和体验为主，高中以体验和辨析为主。

学校要建设符合公共安全教育要求的物质环境和人文环境。

学校要与公安消防、交通、治安以及卫生、地震等部门建立密切联系，聘请有关人员担任校外辅导员。

学校要采取积极措施帮助家长强化对孩子的公共安全教育意识。

保障机制

学校要保证公共安全教育的时间，可根据实际情况，结合不同学段的课程方案和本指导纲要的要求，采用课程渗透和利用地方课程时间相结合的方式，确保完成本纲要中规定的教学内容，并要安排必要的时间，开展自救自护和逃生实践演练活动。

公共安全教育自助读本或者相关教育材料的购买由各地根据

本地实际情况采用多种方式解决，不得向学生收费增加学生负担。大力提倡学校使用公用图书经费统一购买，供学生循环借阅；重视和加强公共安全教育信息网络资源的建设和共享。

学校要重视教师队伍建设，把公共安全教育列入全体在职教师继续教育的培训系列和教师校本培训计划。

学校要充分调动教师的积极性，有针对性地开展公共安全教育的校本研究。

学校要把教师开展公共安全教育的情况作为教师考核的重要依据。

——以上见《国务院办公厅关于转发教育部中小学公共安全教育指导纲要的通知》（国办发〔2007〕9号），2007年2月7日

学校的主要负责人是学校食品卫生管理的第一责任人。

学校发生食物中毒事故，有下列情形之一的，应当追究学校有关责任人的行政责任：

（一）未建立学校食品卫生校长负责制的，或未设立专职或兼职食品卫生管理人员的；

（二）实行食堂承包（托管）经营的学校未建立准入制度或准入制度未落实的；

（三）未建立学校食品卫生安全管理制度或管理制度不落实的；

（四）学校食堂未取得卫生许可证的；

（五）学校食堂从业人员未取得健康证明或存在影响食品卫

生病症未调离食品工作岗位的，以及未按规定安排从业人员进行食品卫生知识培训的；

（六）违反《学校食堂与学生集体用餐卫生管理规定》第十二条规定采购学生集体用餐的；

（七）对卫生行政部门或教育行政部门提出的整改意见，未按要求的时限进行整改的；

（八）瞒报、迟报食物中毒事故，或没有采取有效控制措施、组织抢救工作致使食物中毒事态扩大的；

（九）未配合卫生行政部门进行食物中毒调查或未保留现场的。

发生一般学校食物中毒事故，中毒人数少于 29 人的，追究直接管理责任人的责任。发生一般学校食物中毒事故，中毒人数在 30 人及以上的，追究直接管理责任人的责任，但直接管理责任人在事故发生前已将学校未履行食品卫生职责情况书面报告学校主管领导，而学校主管领导未采取措施的，由学校主管领导承担责任。发生较大学校食物中毒事故，追究直接管理责任人和学校主管领导的责任。发生重大学校食物中毒事故，追究直接管理责任人、学校主管领导和学校主要领导的责任。

——以上见《卫生部 教育部关于印发〈学校食物中毒事故行政责任追究暂行规定〉的通知》（卫监督发〔2005〕431 号），2005 年 11 月 2 日

学校应建立主管校长负责制，并配备专职或者兼职的食品卫生管理人员。

学校应建立健全食品卫生安全管理制度。

学校食堂必须取得卫生行政部门发放的卫生许可证。

学校食堂应当建立卫生管理规章制度及岗位责任制度，相关的卫生管理条款应在用餐场所公示，接受用餐者的监督。

食堂应建立严格的安全保卫措施，严禁非食堂工作人员随意进入学校食堂的食品加工操作间及食品原料存放间，防止投毒事件的发生，确保学生用餐的卫生与安全。

学校应当对学生加强饮食卫生教育，进行科学引导。

学校应当建立食物中毒或者其他食源性疾患等突发事件的应急处理机制。发生食物中毒或疑似食物中毒事故后，应采取下列措施：

（一）立即停止生产经营活动，并向所在地人民政府、教育行政部门和卫生行政部门报告；

（二）协助卫生机构救治病人；

（三）保留造成食物中毒或者可能导致食物中毒的食品及其原料、工具、设备和现场；

（四）配合卫生行政部门进行调查，按卫生行政部门的要求如实提供有关材料和样品；

（五）落实卫生行政部门要求采取的其他措施，把事态控制在最小范围。

学校必须建立健全食物中毒或者其他食源性疾患的报告制度，发生食物中毒或疑似食物中毒事故应及时报告当地教育行政部门和卫生行政部门。

——以上见《学校食堂与学生集体用餐卫生管理规定》（中

华人民共和国教育部、中华人民共和国卫生部令第 14 号)，2002 年 9 月 20 日

各地教育行政部门和学校要深入分析各类溺水事故发生的时段、地域、溺水原因等情况，及时发出风险提示和预警，要通过事故警示，提示学生私自下水游泳玩耍的极端危险性，让学生主动远离危险水域，要加强与家长的联系，增强家长安全意识和监护人责任意识，尤其是在放学后、周末和节假日要强化家长（委托监护人）对学生安全监管的第一责任。要不断研究防溺水中出现的新情况、新问题，加强工作的预见性、主动性，保证防溺水工作时时有人问、处处有人抓，努力从源头上防范溺水事故的发生。

——以上见《教育部办公厅关于防范学生溺水事故的预警通知》(教督厅〔2017〕1 号)，2017 年 5 月 18 日

新建、改建、扩建各级各类学校应当符合《无障碍环境建设条例》的要求。

县级以上地方人民政府及其教育行政部门应当逐步推进各级各类学校无障碍校园环境建设。

——以上见《残疾人教育条例》(中华人民共和国国务院令第 674 号)，2017 年 2 月 1 日

案例选编

1. 江西南昌二中：开展心理健康教育，塑造校园阳光心理

江西省南昌市第二中学是全国百强中学、全国和谐文明学校、市首批心理健康教育实践基地学校。学校秉承“以学生发展为本，对学生终身负责”的办学理念，积极开展心理健康教育，努力培养学生积极的人生态度、健康的心理情感和高尚的道德品质。

建立具有较高水平的心理健康教育专职教师队伍。学校非常注重心理健康教育工作队伍建设，严格按照教育部规定（3500—5000）：1 的比例配置专职教师。学校现有在校生 4000 余人，配置专职心理教师 1 名、兼职心理教师 3 名，均受过系统专业培训，其中有 1 人是心理学硕士，4 人均是国家二级心理咨询师。

编写贴近学生实际的《高中生心理健康教育》校本教材。学校心理教师经过几年的研究，编写了一本《高中生心理健康教育教程》的校本教材。他们还为高一新生开展适应性讲座，在中加班（国际班）开设幸福课。教学中，心理教师不断探索尝试典型案例教学、互动式教学、情景式教学、辩论式教学、演讲式教学等方式，以激发学生学习的积极性，提高教学的时效性。教学之外，心理教师还积极开展各类公益讲座和免费心理咨询，为学生全身心投入学习提供心理保障。

依托社团开展丰富多彩的心理健康教育活动。学校“泊远心理社”目前有 100 多名会员。依托社团，学校每年开展学雷锋献爱心活动、“10·10 心理健康周”宣传、心理知识大赛以及心

理素质拓展训练等一系列有影响的活动，同时充分利用校内板报、宣传栏、校园网、校园广播、校刊等渠道，开展心理健康教育及其基本常识的宣传，从而营造良好的校园心理文化氛围，提高学生的心理健康意识，促进学生身心健康成长。

——摘编自：教育部有关会议交流材料，有改动

2. 山东龙口芦头中学："防溺水"安全教育三步走

暑期临近，为了切实做好"防溺水"事故的发生，芦头中学认真落实上级"防溺水"文件精神，积极开展"防溺水"安全教育活动。

多形式宣传，营造安全教育氛围。学校充分利用"国旗下讲话"、宣传栏、校广播、发放宣传单等形式，大力宣传"防溺水"安全教育的重要性和掌握"防溺水"安全知识的必要性，从思想上引起全体师生和家长的重视。

召开主题班会，增强学生自我保护意识。各班级结合山东省学校安全教育平台提供的PPT和视频等相关资源，针对学校周边实际情况，开展"爱护生命、从我做起"安全教育主题班会，让学生了解溺水事件产生的原因及其后果，掌握预防溺水的相关知识和自救技能。

家校携手，共筑安全长城。学校将教育部印发的《致全国中小学生家长的一封信》发放到每一位家长手中，要求家长做好学生上下学和节假日期间的安全防护工作，家长认真阅读后在回执单上签字，学校统一回收存档保管；同时要求家长登录山东省安全教育平台"家庭版"页面，与孩子一起学习"防溺水"

相关知识，提高家校共防的有效性。

此次主题教育活动进一步提高了学生的自我保护意识和自救能力，拓宽了学生的安全知识面，增强了学生的安全意识，学校也将以此次活动为契机，建立防溺水安全教育长效机制，进一步强化学校安全管理和制度建设。

——原载于：中国山东网，2015 年 5 月 26 日，有改动

3. 广东深圳宝安小学：生命教育探索纪实

广东省深圳市宝安区宝安小学经过八年的实践，已初步构建起“生命校园、幸福乐园、快乐学园”的基础模型，形成以课程建设为根基，以课堂教学为主渠道，以生命教育专项活动为有效载体，面向教师、学生、家长三大群体的工作机制，并逐步把生命教育融入教育管理、课程开发、课堂教学、德育实践等各个层面。

该校在各个年级开设生命教育课，目前试行使用中国青年出版社出版的生命教育教材。同时，学校正尝试开发具有当地特色和适合学校实际的生命教育校本课程。

在学科教学中要渗透生命教育。引领教师在自然、体育与健康、品德与社会等学科的教学中增强生命教育意识，挖掘显性和隐性的生命教育内容，分层次、分阶段，适时、适量、适度地对学生进行生动活泼的生命教育。

在实践中，该校将生命教育与动漫特色教育相结合，并将之渗透于语文、数学、科学等各学科。

与此同时，该校还进一步挖掘其他形式的生命教育，如专题

教育。学校定期开展青春期教育、安全教育、环境教育、禁毒和预防艾滋病教育、法制教育等。每学年学校少先队大队部都组织社会实践活动和军训活动，让学生参加丰富的体验活动，促使学生感受生活之难，体会生命的宝贵。

营造生命教育文化。生命教育文化主要包括制度文化、校园文化、人际文化、效益文化、生命文化。一是制度文化，体现人文性，强调自律。二是人际文化，体现和谐、团结，让爱充满校园，形成学校精神。三是效益文化。该校教育教学工作充分体现减负增效、低进高出，强调“能工巧匠”型、“节能高产”型。四是校园文化，体现生态、自然、环保，并强调了一种理念：校园处处有学问、处处能学习。五是生命文化，体现强健、向上、生气勃勃的生命特征，强调感恩、尊重生命、提升生命质量。

——原载于：《中国教育报》，2014 年 11 月 6 日第 11 版，有改动

4. 广西钦州二中：举行防空应急疏散演练活动

为纪念九一八事变，让大家牢记历史使命，同时，增加广大师生的国防观念和人防意识，提高其应对突发事件的能力，9 月 18 日上午，广西壮族自治区钦州市人防办、教育局等部门组织钦州二中高二全体师生举行了防空应急疏散演练活动。

当天上午 10：30，随着人防部门鸣响防空袭预先警报信号，参加该疏散演练的市二中高二各班学生，在老师和安保人员的指挥下，按照指定的安全出口，迅速并有序地离开教学楼，紧急撤离到学校操场，并在规定的时间内到达了安全地带。在演练过程

中师生秩序井然、反应迅速，学生从教室撤离到操场用时5分钟左右，整个演练活动达到了预期效果。

在防空疏散演练活动中市人防办赵锷副主任表示，人民防空是国防的重要组成部分，是人民安居乐业的有力保障。师生们应牢记国耻，不忘历史，发扬伟大的抗战精神。学校平时要做好防空防恐知识教育，各位学生面临灾难时，要能够沉着冷静地应对突如其来的灾害，提高自我防范意识和自救能力，做好防护保护，让自己能有效逃生。

同时，要以此次防空警报试鸣活动为契机，进一步加大人防宣传力度，进一步提高全市人民的国防观念和防空意识，把钦州市国防建设和人防建设提高到一个新的水平，为构建平安钦州、和谐钦州做出应有的贡献。活动结束后，参加演练的学生还到展板处观看了防空知识的宣传资料。

——原载于：《北部湾晨报》，2015年9月21日第3版，有改动

第七章
创新教育装备管理

本章导读

加强教育装备工作是发展素质教育、促进学生全面发展的重要条件，是提高教育质量、加快推进教育现代化的重要支撑。要充分认识新形势下进一步做好装备工作的重要性和紧迫性，将先进的教育思想、办学理念、科学技术融入学校装备的建、配、管、用各个环节，形成新的教育发展驱动力。以云计算、物联网、虚拟现实及大数据等为代表的新兴信息技术在教育中的广泛应用，将促进装备与课程建设和学校文化深度融合，促进装备与师资培养和教学实践深度融合，促进装备与教育教学和管理服务深度融合，推动学校教育变革与创新。

要点摘编

支持探索建设综合实验室、特色实验室、学科功能教室、教育创客空间等教育环境。鼓励对现有教室进行多功能技术改造，适应学生学习需求。推进宽带网络校校通，实现校园无线网络全覆盖。鼓励探索建设智慧校园。

要按照标准配齐配足各类装备，保障学校教育教学及学生生活基本需要。保质保量配好图书。鼓励教师学生自制教具，提高装备适用性。鼓励结合本地文化、劳动技术、民间艺术教育配备装备。

强化实验教学，推动装备在教育教学中的深度应用，服务教育教学各个环节，推动教学和育人方式改革。推行实验室、专用教室全天向学生开放，建立有利于学生自主探究与合作学习的管理制度。创新图书馆、体育场馆、校外综合社会实践基地等各类资源使用方式，充分发挥其育人功能。

要制订培训计划，对相关专业教师、实验教学人员、管理人员定期进行装备应用与管理培训，特别是加强教师的装备通用技能与专业技能培训，着力提高教师应用水平。

将教师装备应用能力纳入教师考核体系，健全绩效考核办法，发挥考核评价的导向作用。

按照国家标准及时更新设备设施，确保消耗性材料的补充与供给，确保每个班级都能按照教学进度开齐开足实验，最大限度满足学生动手实践活动的需要。

——以上见《教育部关于新形势下进一步做好普通中小学

装备工作的意见》(教基一〔2016〕3号)，2016年7月13日

要进一步深化应用驱动的基本导向，通过应用带动环境营造、支撑核心业务，围绕应用目标开展培训与绩效评价，依托教育信息化加快构建以学习者为中心的教学和学习方式。

全面推进“优质资源班班通”，基本建成数字教育资源公共服务体系，为学习者享有优质数字教育资源提供方便快捷的服务。

大力推进“网络学习空间人人通”，网络学习空间应用普及化，基本形成与学习型社会建设需求相适应的信息化支撑服务体系。

——以上见《教育部关于印发〈教育信息化“十三五”规划〉的通知》(教技〔2016〕2号)，2016年6月7日

各类教育机构（学校）需要构建以管理和教学为核心、以师生应用为导向、针对不同学校类型特点的业务管理系统，以实现学生教师、教学科研、后勤保障等各项日常管理工作的信息化再造，使学校成为各级教育基础数据库的动态数据源。

中小学教育管理信息化系统包括学生管理、教师管理、教学科研管理、办学条件管理等。

中小学教育管理信息化目标是：到2020年，东部省份所有学校达到二级水平，绝大部分学校达到三级水平，中部省份绝大部分学校达到二级水平，大部分学校达到三级水平，西部省份大部分学校达到二级水平，部分学校达到三级水平。

——以上见《关于印发〈教育管理信息化建设与应用指南〉的通知》（教信推办〔2014〕20号），2014年10月16日

所有小学、初中每12个班级配备音乐、美术专用教室1间以上；其中，每间音乐专用教室面积不小于96平方米，每间美术专用教室面积不小于90平方米；

所有小学、初中规模不超过2000人，九年一贯制学校、十二年一贯制学校义务教育阶段规模不超过2500人；

小学、初中所有班级学生数分别不超过45人、50人；

不足100名学生村小学和教学点按100名学生核定公用经费；

特殊教育学校生均公用经费不低于6000元；

全县义务教育学校教师平均工资收入水平不低于当地公务员平均工资收入水平，按规定足额核定教师绩效工资总量；

教师5年360学时培训完成率达到100%。

——以上见《教育部关于印发〈县域义务教育优质均衡发展督导评估办法〉的通知》（教督〔2017〕6号），2017年4月19日

总体要求

到2020年，绝大部分中小学要按照国家规定标准建有图书馆。

基本建成与深化课程改革、实施素质教育相适应的现代化中小学图书馆建设、管理和服务体系。使图书馆与教育教学全面深

度融合，成为学校信息资源高地和师生智慧中心、成长中心、活动中心。

重点任务

鼓励有条件的学校利用图书、报刊布置走廊、教室等边角空间，倡导学生自主管理、诚信取阅，形成学校在“图书馆”中的良好氛围，使师生阅读方式广泛多样、阅读选择丰富多元。

要制定增剔工作计划，严格操作，确保剔旧后每年至少生均新增一本纸质图书，确保实现生均纸质图书册数达标。

改善图书馆馆藏结构，探索建立学生、教师读书反馈和评议推荐制度，遴选学生和教师心目中的好书。

明确馆藏采购责任主体，将教育部指导编制的《全国中小学图书馆（室）推荐书目》作为中小学图书馆馆藏采购的主要参考依据。

中小学图书馆每周开放时间原则上不少于40小时，确保每天课余时间、周末和寒暑假期间对师生有效开放，鼓励适当延长并向社会开放。创新图书借阅方式，简化图书借阅管理，将馆藏资源推送到楼层、课堂，促进师生便捷、有效阅读。

在每年4月23日“世界读书日”和9月9日“国家图书馆日”积极开展形式多样、丰富多彩的中小学生读书专题活动。提倡小学生每天课外阅读半小时、中学生每天课外阅读1小时。

保障措施

对从事图书馆工作的兼职教师进行图书馆业务培训，在职务（称）评聘、晋升、评优评先、待遇等方面，给予图书馆管理人员与教师同等机会。

——以上见《教育部 文化部 国家新闻出版广电总局关于加强新时期中小学图书馆建设与应用工作的意见》（教基一〔2015〕2号），2015年5月20日

功能作用

资源教室是为随班就读的残疾学生及其他有特殊需要的学生、教师和家长，提供特殊教育专业服务的场所，应具备如下主要功能：

（一）开展特殊教育咨询、测查、评估、建档等活动。

（二）进行学科知识辅导。

（三）进行生活辅导和社会适应性训练。

（四）进行基本的康复训练。

（五）提供支持性教育环境和条件。

（六）开展普通教师、学生家长和有关社区工作人员的培训。

基本布局

资源教室应当优先设立在招收较多残疾学生随班就读且在当地学校布局调整规划中长期保留的普通学校。招收5人以上数量残疾学生的普通学校，一般应设立资源教室。不足5人的，由所在区域教育行政部门统筹规划资源教室的布局，辐射片区所有随班就读学生，实现共享发展。

场地及环境

资源教室应有固定的专用场所，一般选择教学楼一层，位置相对安静、进出方便。其面积应不小于60平方米，若由多个房

间组成，应安排在一起。所附基础设施要符合《无障碍环境建设条例》《无障碍设计规范》《特殊教育学校建筑设计规范》中的有关规定。

区域设置

资源教室应设置学习训练、资源评估和办公接待等基本区域。

资源教师

资源教室应配备适当资源教师，以保障资源教室能正常发挥作用。资源教师纳入特殊教育教师管理，在绩效考核、评优评先和职务（职称）评聘中给予倾斜。

——以上见《教育部办公厅关于印发〈普通学校特殊教育资源教室建设指南〉的通知》（教基二厅〔2016〕1号），2016年1月20日

根据《全民健身条例》要求，学校应当在课余时间和节假日向学生开放体育场馆，公办学校要积极创造条件向社会开放体育场馆。鼓励民办学校向社会开放体育场馆。

鼓励社会力量通过竞标等方式对学校体育场馆开放进行市场化、专业化运营，为开放对象提供优质、低价或免费的服务。

学校要积极探索体育场馆开放的运营方式，建立适合当地需要的运营模式。

——以上见《教育部 国家体育总局关于推进学校体育场馆向社会开放的实施意见》（教体艺〔2017〕1号），2017年2月3日

功能定位

心理辅导室是心理健康教育教师开展个别辅导和团体辅导，帮助学生疏导与解决学习、生活、自我意识、情绪调适、人际交往和升学就业中出现的心理行为问题，排解心理困扰和防范心理障碍的专门场所，是学校开展心理健康教育工作的重要阵地。其主要功能是：

1. 开展团体心理辅导。
2. 进行个别心理辅导。
3. 监测心理健康状况。
4. 营造心理健康环境。

基本设置

心理辅导室应选择建在相对安静又方便进出的地方，尽量避开热闹、嘈杂区域。楼层不宜太高。

心理辅导室环境布置应充分考虑心理健康教育工作的特殊性和青少年身心发展特征，体现人性化设计和人文关怀，富于生机。

心理辅导室应设置个别辅导室、团体活动室和办公接待区等基本功能区域，有条件的学校也可单独设置心理测量区、放松室、自主自助活动区等心理健康教育拓展区域。心理辅导室外应设有心理信箱。

管理规范

心理辅导室定期对学生开放，可视学生数量和学校心理健康教育实际情况确定具体开放时间。原则上，学生在校期间每天均应开放，课间、课后等非上课时间应有一定时间向学生开放，并安排专人值班。

心理辅导室至少应配备一名专职或兼职心理健康教育教师，并逐步增大专职人员配比。心理健康教育教师享受班主任同等待遇。

学生成长信息记录、测评资料、信件、录音录像和其他资料，应在严格保密的情况下保存。

——以上见《教育部办公厅关于印发〈中小学心理辅导室建设指南〉的通知》（教基一厅函〔2015〕36号），2015年7月29日

严格执行国家标准

采购单位在进行校服招标采购时，要在合同中标明校服执行标准。校服安全与质量应符合GB18401《国家纺织产品基本安全技术规范》、GB31701《婴幼儿及儿童纺织产品安全技术规范》、GB/T31888《中小学生校服》等国家标准。严禁不按标准生产和采购校服的行为。

加强校服质量检查

校服供应和验收应实行“明标识”制度。各采购单位购买的校服，要具备齐全的成衣合格标识，并有法定检验机构出具的本批次成衣质量检验合格报告。鼓励实行“双送检”制度。在供货企业送检的基础上，采购单位可结合实际，将一定数量校服送法定检验机构检验。检验费用不得强制向家长收取。

强化学校选用管理

选用校服的学校要加快建立以学校和家长委员会为主体，学生代表、家长代表、社会代表等多方参与的校服选用组织，负责

具体选用、采购工作。学生自愿购买校服，允许学生按照所在学校校服款式、颜色，自行选购、制作校服。各校校服款式一经选用要保持相对稳定，减少家长重复支出。

加强校服采购管理

采购单位要加强校服采购公示，向学生和家长公示中标企业、校服质量标准、采购流程、采购价格等，主动接受社会监督。采购各环节相应材料要全部存档备查，同时要将采购合同向主管教育行政部门备案。

建立监督惩处机制

学校、相关部门和机构工作人员在校服采购过程中，未履行职责，存在违反程序、收取回扣、滥用职权、徇私舞弊等行为的，由相关职能部门依法处理；涉嫌构成犯罪的，依法移送司法机关处理。

改进校服式样设计

校服式样设计要遵循学生成长规律，充分考虑学生体育运动与课间活动需要，突出育人功能，贴近地域文化特点，符合时代精神特征，并适度扣合传承民族文化需求。式样遴选工作要做到公开、公平、公正，对于违规操作的相关单位和个人要严格依法追究责任。

加强校服发展保障

对家庭贫困学生、革命烈士子女、孤儿、残疾儿童等，要采取多种措施无偿提供校服，减轻其家庭经济负担。

——以上见《教育部 工商总局 质检总局 国家标准委关于进一步加强中小学生校服管理工作的意见》（教基一〔2015〕3号），2015年6月18日

案例选编

1. 四川成都北街小学：数字化 VR 虚拟平台亮相课堂

近日，四川省成都市蒲江县北街小学智慧课堂展示暨五年级家校共育活动，在县新华文轩公司和教育局教仪站的大力支持下，通过蒲江教育直播平台和蒲江教育 APP，进行了全省现场直播。

蒲江县、局关工委领导，成都市东城根街小学的领导、老师，蒲江县新华文轩公司的领导，全县各中小学校的教育技术中心主任，五年级一班的全体家长参加了本次活动。

活动中，学校首先播放了该班学生入学以来的成长纪录片，一张张珍贵的照片，一段段真情的视频，让孩子和家长们重温了在北街小学五年的快乐学习生活。学校向家长和来宾们展示了两节基于平板电脑的数字化课堂教学。数学课中，李杰老师利用智慧教室的互动功能和孩子们开展教学互动，数字抢答、快速反馈、拍照推送……充分体现了课堂教学的及时性和高效性。第二堂英语课上，李伟老师充分挖掘了北街小学的百年办学历史，制作了基于蒲江文庙的 VR 虚拟现实游戏系统，让孩子们通过手中的平板电脑，身临其境地走进文庙，走进学校历史，并在游戏中对话互动，让孩子们玩中做，做中学，课堂轻松有趣。

班主任陈跃琼带领着家长、孩子们进入了以“沟通从心开始”为主题的班会课，温馨的情感瞬间在教室里蔓延，亲子对话、亲子书信，亲情、友情、师生情此起彼伏，开心处大家嬉笑一片，感动处大家潸然泪下。

据该校相关负责人表示，本次活动以家校共育半日活动为依托，以信息化智慧课堂展示为平台，为北街小学的数字化学校推进工作添上了浓墨重彩的一笔。

——原载于：中国教育装备网，2016 年 4 月 19 日，有改动

2. 天津南开中学："大数据+教育"提升教学品质

随着大数据时代的到来，2015 年，天津市南开中学数学组利用在线教育产品"快乐学"进行"大数据+教育"的教学尝试，通过数据搜集、分析与处理，提高了工作效率和工作的趣味性，并能真正做到因材施教。

智能分析：用数据读懂学生

"快乐学"从老师日常的作业布置和考试等教学场景切入，通过平时的作业、月考、周练收集数据，再经过"快乐学"智能学习系统的数据挖掘与分析，最终输出两类产品：一是线上产品，满足老师出题、作业分析的需求，通过大数据的帮助，老师可以及时调整教学策略；二是线下产品，即学生的错题本、考试分析报告。试卷上传、扫描完毕后，智能学习引擎会自动对每个学生的成绩、试题的知识点、难度进行多维度分析。

精准出题：和题海 say bye bye（说再见）

老师们之前通常是根据大致的教学印象给班上学习程度不同的学生布置不同的习题，但因为缺少有效的学生学习反馈信息，这种认知未必准确。"快乐学"智能学习引擎会对每道题目进行知识点、载体、方法、能力等多个维度的标注，帮助老师精准出题，再通过智能学习引擎的大数据分析，老师可以根据不同题目

的考点和学生答题情况，迅速准确地了解每个学生的知识漏洞，有效诊断学生的学习问题，继而进行有针对性的讲练。

高效批改：三个班试卷半小时改完

批改纸质化作业、试卷占用了老师每天太多的时间和精力。如今，只要把作业、试卷放到“快乐学”智能扫描仪上，就不用再管，扫描仪会对试卷自动扫描，相关学习数据会同步上传到电脑。原来三个班学生的作业需要花一上午批改，现在一节课的时间就能搞定，这样就彻底把老师从重复机械的批阅过程中解放出来，从而大大节省了老师们的时间，让老师们将更多精力投入到教研方面。

——原载于：《中国教育报》微信公众号，2016年5月23日，有改动

第八章
规范学校经费管理

本章导读

教育收费涉及千家万户，社会关注，家长关切。近年来，教育部将规范教育收费、治理教育乱收费作为推进党风廉政建设和反腐败的重点工作，接续部署落实，取得了明显成效。按照“谁主管，谁负责”原则，校长作为学校的法人代表，是规范教育收费、治理教育乱收费的工作主体和第一责任人。全面了解相关收费政策，自觉遵守相关法律法规，完善、规范教育收费，治理教育乱收费，切实解决教育收费中群众反映强烈的突出问题，是中小学校长的工作职责，也是中小学校长的工作底线。

要点摘编

公用经费是指保障义务教育学校正常运转、完成教育教学活动和其他日常工作任务等方面支出的费用，具体支出范围包括：教学业务与管理、教师培训、实验实习、文体活动、水电、取暖、交通差旅、邮电，仪器设备及图书资料等购置，房屋、建筑物及仪器设备的日常维修维护等。不得用于人员经费、基本建设投资、偿还债务等方面的支出。其中，教师培训费按照学校年度公用经费预算总额的5%安排，用于教师按照学校年度培训计划参加培训所需的差旅费、伙食补助费、资料费和住宿费等开支。

实施农村义务教育阶段学校教师特设岗位计划。中央财政对特岗教师给予工资性补助，补助资金根据在岗特岗教师人数、补助标准与相关省份据实结算。

学校应当建立健全预算管理制度，按照轻重缓急、统筹兼顾的原则安排使用公用经费，既要保证开展日常教育教学活动所需的基本支出，又要适当安排促进学生全面发展所需的活动经费支出；制定完善内部经费管理办法，细化公用经费等支出范围与标准，加强实物消耗核算，建立规范的经费、实物等管理程序，建立物品采购登记台账，健全物品验收、进出库、保管、领用制度，明确责任，严格管理；建立健全内部控制制度、经济责任制度等监督制度，依法公开财务信息，依法接受主管部门和财政、审计等部门的监督；做好给予个人有关补助的信息公示工作，接受社会公众监督。

——以上见《财政部 教育部关于印发〈城乡义务教育补助经费管理办法〉的通知》（财科教〔2016〕7号），2016年11月11日

中小学服务性收费是指学校（包括义务教育学校、高中阶段学校、中等职业学校）在完成正常的教学任务外，为在校学生提供由学生或学生家长自愿选择的服务而收取的费用。中小学代收费是指学校为方便学生在校学习和生活，在学生或学生家长自愿的前提下，为提供服务的单位代收代付的费用。

中小学按照国家和本地区课程改革要求安排的教育教学活动、教学管理范围内的事项，不得列入服务性收费和代收费事项。严禁将讲义资料、试卷、电子阅览、计算机上机、取暖、降温、饮水、校园安全保卫等作为服务性收费和代收费事项。

学校和教师在为学生服务、代办有关事项的过程中不得获取任何经济利益，不得收取任何形式的回扣。确有折扣的，须全额返还学生。

学校要在招生简章和入学通知书中注明有关服务性收费和代收费项目、标准及批准收费的文号，并通过学校公示栏、公示牌、公示墙等方式将服务性收费和代收费项目、标准、收费资金的使用情况和投诉电话等进行公示，主动接受学生、家长和社会的监督，增强学校收费的透明度。

各地要将规范学校服务性收费和代收费作为治理教育乱收费工作的重点，坚决禁止侵害学生利益的行为。对学校擅自设立收费项目、制定收费标准和超范围收费等乱收费行为，以及有关部

门、单位通过学校违规收取代收费等行为，价格、教育等部门要加强监督检查，对违规行为要严肃查处。

——以上见《国家发展改革委 教育部关于规范中小学服务性收费和代收费管理有关问题的通知》（发改价格〔2010〕1619号），2010年7月23日

对于在课堂上故意不完成教育教学任务、课上不讲课后讲并收取补课费的，以及打击报复不参与有偿补课学生等严重违纪、败坏师德的行为要重点查办，实行“零容忍”。

坚决查处“以钱择校，以优择生、以权入学”行为。地方各级教育行政部门和公办、民办学校均不得采取考试方式选拔学生。严禁以任何名义收取与入学挂钩的费用。

未评议的学科、年级的教辅材料，地方有关部门和学校不能推荐及统一代购。任何单位和个人不得进入学校宣传、推荐和推销任何教辅材料。坚决查处违背自愿原则以及在评议公告范围之外强制订购教辅材料的行为。

规范各级各类学校服务性收费和代收费行为，严禁将教育教学活动、教学管理范围内的事项纳入服务性收费和代收费，严禁越权设立收费项目、未经审批收费或突破已经审批的收费标准收费。不得将图书馆查询和电子阅览费、午休管理服务费、课后看护费、自行车看管费等作为服务性收费和代收费事项。严禁各级各类学校代收商业保险费，严禁学校在军训期间向学生收取军训费、住宿费、交通费、照相费等费用。

义务教育阶段民办学校不得举办、参与或委托举办各种培训

班选拔生源，不得使用社会培训机构的测试成绩、排名作为入学、考核的依据，不能以入学为名违规收取任何费用。

——以上见《教育部等四部门关于2016年规范教育收费治理教育乱收费工作的实施意见》（教办〔2016〕4号），2016年5月12日

严厉查处学校和教师在举办“占坑班”过程中的收费行为。

不得以跨区域为名收取学生择校费。

坚决禁止要求家长到学校或到学校指定单位缴纳各种名目的择校费行为。

坚决禁止学校以招收特长生的名义收取任何费用。

地方政府、有关部门和学校违规收取与入学升学挂钩的各种费用，一经查实，要坚决予以清退，无法清退的要收缴国库，对相关责任人要严肃问责。

禁止公办学校以与民办学校联合办学或举办民办校中校等方式，按照民办学校的收费政策，向学生收费。凡未做到“四独立”的义务教育改制学校和未取得民办学校资格的学校一律执行当地同类公办学校收费政策。

——以上见《教育部 国家发展改革委 审计署关于印发〈治理义务教育阶段择校乱收费的八条措施〉的通知》（教基一〔2012〕1号），2012年1月20日

财务管理体制

中小学校财务管理实行校长负责制。学校的财务活动在校长

的领导下，由学校财务部门统一管理。

非独立核算的勤工俭学、社会服务和经营等项目的财务活动，由学校财务部门统一管理。

义务教育阶段学校按照国家有关规定不得从事经营活动。

中小学校食堂应当坚持公益性和非营利性原则，在学校财务部门统一管理下，实行单独核算，定期公开账务。

预算管理

中小学校预算由学校根据年度事业发展目标和计划以及预算编制的规定，提出预算建议数，经主管部门审核汇总后报财政部门。

收入管理

中小学校应当将各项收入全部纳入学校预算，统一核算，统一管理。

中小学校严禁设立“小金库”，严禁账外设账，严禁公款私存。

中小学校组织收入应当合法合规；各项收费应当严格执行国家规定的收费范围、收费项目和收费标准，使用符合国家规定的合法票据。对按照规定上缴国库或者财政专户的资金，中小学校应当按照国库集中收缴的有关规定及时足额上缴，不得隐瞒、滞留、截留、挪用和坐支。

支出管理

中小学校应当加强支出管理，基本支出、项目支出不得混用。公用支出不得用于教职工福利等人员支出。项目支出应当按照规定专款专用，不得挤占和挪用。

资产管理

义务教育阶段学校不得对外投资。

负债管理

严禁义务教育阶段学校举借债务，非义务教育阶段学校不得违反规定举借债务。

中小学校不得提供担保。

财务报告和财务分析

中小学校应当定期向主管部门和财政部门以及其他有关的报表使用者提供财务报告。

财务监督

中小学校应当建立健全内部控制制度、经济责任制度、财务信息披露制度等监督制度，依法公开财务信息。

——以上见《财政部 教育部关于印发〈中小学校财务制度〉的通知》（财教〔2012〕489号），2012年12月21日

中心学校不得以统筹的名义，截留、挤占、挪用、克扣村小学和教学点公用经费。

公用经费要首先保证学校基本运转，不得因经费问题影响学校教育教学活动正常开展；不得出现校舍年久失修、附属设施设备不全、有门窗无窗扇和玻璃、自带课桌椅或桌椅高矮不一和长期破损、有篮球架无篮筐、有灯座无灯泡、有旗杆无国旗以及孩子喝不上开水等问题；严禁用公用经费发放人员工资、津补贴、职工福利，以及购置礼品、旅游、偿还债务、基本建设和大规模的校舍维修等。

——以上见《教育部关于进一步做好村小学和教学点经费保障工作的通知》（教财函〔2013〕147号），2013年12月17日

推进农村义务教育阶段学校预算编制制度改革，将各项收支全部纳入预算管理。健全预算资金支付管理制度，加强农村中小学财务管理，严格按照预算办理各项支出，推行农村中小学财务公开制度，确保资金分配使用的及时、规范、安全和有效，严禁挤占、截留、挪用教育经费。全面清理现行农村义务教育阶段学校收费政策，全部取消农村义务教育阶段学校各项行政事业性收费，坚决杜绝乱收费。

——以上见《国务院关于深化农村义务教育经费保障机制改革的通知》(国发〔2005〕43号)，2005年12月24日

建立国家助学金制度。从2010年秋季学期起，中央与地方共同设立国家助学金，用于资助普通高中在校生中的家庭经济困难学生，资助面约占全国普通高中在校生总数的20%。

建立学费减免等制度。普通高中要从事业收入中提取一定比例的经费，用于减免学费、设立校内奖助学金和特殊困难补助等。

鼓励社会捐资助学。要进一步落实、完善鼓励捐资助学的相关优惠政策措施，积极引导和鼓励企业、社会团体及个人等面向普通高中设立奖学金、助学金。

——以上见《财政部 教育部关于建立普通高中家庭经济困

难学生国家资助制度的意见》（财教〔2010〕356号），2010年9月19日

从2016年秋季学期起，免除公办普通高中建档立卡等家庭经济困难学生（含非建档立卡的家庭经济困难残疾学生、农村低保家庭学生、农村特困救助供养学生）学杂费。

对在政府教育行政管理部门依法批准的民办普通高中就读的符合免学杂费政策条件的学生，按照当地同类型公办普通高中免除学杂费标准给予补助。民办学校学杂费标准高于补助的部分，学校可以按规定继续向学生收取。

——以上见《财政部 教育部关于免除普通高中建档立卡家庭经济困难学生学杂费的意见》（财教〔2016〕292号），2016年8月30日

建档立卡贫困家庭中的在校学生为建档立卡家庭经济困难学生，由扶贫部门负责认定。

农村低保家庭学生由民政部门负责认定。

纳入特困人员救助供养的学生由民政部门负责认定。

残疾学生由残联负责认定。

——以上见《教育部办公厅等四部门关于印发〈普通高中建档立卡家庭经济困难学生免除学杂费政策对象的认定及学杂费减免工作暂行办法〉的通知》（教财厅〔2016〕4号），2016年10月18日

完善扶困助学政策。积极推进家庭经济困难的残疾学生免费教育。鼓励企事业单位、社会团体和个人设立奖助学金。

——以上见《教育部等四部门关于印发〈高中阶段教育普及攻坚计划（2017—2020 年）〉的通知》（教基〔2017〕1 号），2017 年 3 月 24 日

民办学校学生与公办学校学生按规定同等享受助学贷款、奖助学金等国家资助政策。民办学校要建立健全奖助学金评定、发放等管理机制，应从学费收入中提取不少于 5%的资金，用于奖励和资助学生。落实鼓励捐资助学的相关优惠政策措施，积极引导和鼓励企事业单位、社会组织和个人面向民办学校设立奖助学金，加大资助力度。

非营利性民办学校收费，通过市场化改革试点，逐步实行市场调节价，具体政策由省级人民政府根据办学成本以及本地公办教育保障程度、民办学校发展情况等因素确定。营利性民办学校收费实行市场调节价，具体收费标准由民办学校自主确定。政府依法加强对民办学校收费行为的监管。

——以上见《国务院关于鼓励社会力量兴办教育促进民办教育健康发展的若干意见》（国发〔2016〕81 号），2016 年 12 月 29 日

学校制定绩效工资分配办法要充分发扬民主，广泛征求教职工的意见。分配办法由学校领导班子集体研究后，报学校主管部门批准，并在本校公开。

《中共中央办公厅 国务院办公厅转发〈中央纪委、中央组织部、监察部、财政部、人事部、审计署关于严肃纪律加强公务员工资管理的通知〉的通知》（厅字〔2005〕10号）下发前，学校发放的改革性补贴，除超过规定标准和范围发放的之外，暂时保留，不纳入绩效工资，另行规范。在规范办法出台前，一律不得出台新的改革性补贴项目、提高现有改革性补贴项目的标准和扩大发放范围。

要规范学校财务管理，严格执行国务院关于免除义务教育阶段学生学杂费等费用的规定，严禁“一边免费、一边乱收费”。

学校的国有资产实行统一管理，各类政府非税收入一律按照国家规定上缴同级财政，严格实行“收支两条线”。严禁利用收费收入和公用经费自行发放津贴补贴。

——以上见《国务院办公厅转发人力资源社会保障部 财政部 教育部〈关于义务教育学校实施绩效工资指导意见〉的通知》（国办发〔2008〕133号），2008年12月23日

案例选编

青海省中小学校：党建和思政工作经费实行“一条线”管理

2013年起，青海省、市（州）、县（市、区、行委）财政分别设立中小学校党建和思政工作专项经费，并将其纳入部门预算。其中，省级财政每年按全省中小学校每生每年2元的标准安排省级专项经费，支持省委教育工委开展中小学校党建和思政工作；各市（州）、县（市、区、行委）财政分别按全市（州）、县（市、区、行委）中小学每生每年10元的标准安排，经费超出50万元的，超出部分由财政部门酌情安排，用于同级党委教育工委开展中小学党建和思想政治工作；各中小学校按不低于学校公用经费5%的比例落实党建和思政工作专项经费。

青海省委教育工委、青海省教育厅会同省财政厅出台了《青海省中小学校党的建设和思想政治工作专项经费设置和管理办法》，明确了全省中小学校党建和思政工作专项经费的设置标准，规定该专项经费主要用于各级教育工委和各中小学校党组织自身建设、中小学校思想政治教育和德育工作、中小学校维稳应急机制和平安校园建设、中小学校党建和思政（维稳）工作队伍建设等。专项经费的管理和使用应遵循“专款专用、统筹安排、加强管理、规范使用”的原则，不得用于人员工资和补贴；不得在专项资金中提取任何管理费用；不得用于或变相用于办公用房、培训基地等房屋建筑物购建和交通工具购置；不得用于与中小学校党建和思想政治工作无直接关系的其他开支；不得擅自扩大范围和提高支出标准，严禁截留、挤占、挪用专项资金，对违规使用专项资金的，将按有关规定严肃处理。

——原载于：中国教育新闻网，2013 年 9 月 20 日，有改动

第九章
构建现代学校制度

本章导读

全面推进依法治校，构建现代学校制度，是我国教育改革发展的重要内容和必要条件。当前，迫切要求中小学校长用法治思维、现代治理理念，设计和构建与各方面改革相适应的规则体系。要坚持“依法办学、自主管理、社会监督、民主参与”的重要原则。要以学生发展为核心，建设和完善校内制度和校外制度，强调学校利益相关者在制度构建和发展中的作用，切实提高学校运行效率，规范教育教学秩序，促进教育公平，更好地保障学生充分发展。要在继承中创新，对传统制度进行改造、变革和发展，使之成为能够改进学校管理实践的制度。

要点摘编

健全校务公开制度，接受师生员工和社会的监督。

实行校务会议等管理制度，建立健全教职工代表大会制度，不断完善科学民主决策机制。建立中小学家长委员会。引导社区和有关专业人士参与学校管理和监督。

学校要建立完善符合法律规定、体现自身特色的学校章程和制度，依法办学，从严治校，认真履行教育教学和管理职责。

保障学生的受教育权，对学生实施的奖励与处分要符合公平、公正原则。

——以上见《中共中央 国务院关于印发〈国家中长期教育改革和发展规划纲要（2010—2020年）〉的通知》（中发〔2010〕12号），2010年7月8日

认真落实校长负责制，全面推进学校章程建设，完善学校重大事项决策机制，逐步形成中国特色的依法办学、自主管理、民主监督、社会参与的现代学校制度。落实学校办学自主地位，完善家长委员会，推动社区参与学校治理，建立第三方评价机制，促进学校品质提升。健全校长和班主任工作激励机制，根据考核结果合理确定校长绩效工资水平，坚持绩效工资分配向班主任倾斜，班主任工作量按当地教师标准课时工作量一半计算。探索建立学生意外伤害援助机制和涉校涉生矛盾纠纷调解仲裁机制，维护学校正常教育教学秩序和师生合法权益，推动平安校园建设。

——以上见《国务院关于统筹推进县域内城乡义务教育一体化改革发展的若干意见》(国发〔2016〕40号), 2016年7月2日

名言链接

校长的教育技巧，也正要包括这些方面：在保持严格的从属关系和一定的责任制度的原则下，使学校的公共力量、舆论、教师集体、学校刊物、个别人的积极主动和广泛的学校自治制度，都能够有广泛的活动范围。

——马卡连柯

加强章程建设，健全学校依法办学自主管理的制度体系

学校起草制定章程要充分反映广大教职员工、学生的意愿，凝练共同的理念与价值认同，体现学校的办学特色和发展目标，突出科学性和可操作性。普通中小学、幼儿园、中等职业学校章程，由主管教育行政部门核准。

学校制定章程或者关系师生权益的重要规章制度，要遵循民主、公开的程序，广泛征求校内外利益相关方的意见。重大问题要采取听证方式听取意见。

要依据法律和章程的原则与要求，制定并完善教学、科研、学生、人事、资产与财务、后勤、安全、对外合作等方面的管理制度，建立健全各种办事程序、内部机构组织规则、议事规则等，形成健全、规范、统一的制度体系。涉及师生利益的管理制度实施前要经过适当的公示程序和期限，未经公示的，不得

施行。

健全科学决策、民主管理机制，完善学校治理结构

中小学要健全校长负责制，建立有教师、学生及家长代表参加的校务委员会，完善民主决策程序；民办学校和中外合作办学机构要健全学校董事会或者理事会的议事规则，依法按期开会履行法定职责。

有关学校发展规划、基本建设、重大合作项目、重要资产处置以及重大教育教学改革等决策事项，应当按照有关规定，进行合法性论证，开展合理性、可行性和可控性评估。

按照精简、高效的原则和为教师、学生提供便利服务的要求，自主设置职能部门，明确职能部门的职责、权限与分工，健全重要部门、岗位的权力监督与制约机制，完善预防职务犯罪和商业贿赂的制度措施。公办学校因违反决策规定、出现重大决策失误、造成重大损失的，要按照谁决策、谁负责的原则追究责任。

要落实《学校教职工代表大会规定》，充分发挥教职工代表大会作为教职工参与学校民主管理和监督主渠道的作用。学校专业技术职务评聘办法、收入分配方案等与教职工切身利益相关的制度、事务，要经教职工代表大会审议通过；涉及学校发展的重大事项要提交教职工代表大会讨论。

中小学、幼儿园应当逐步建立健全家长委员会制度。家长委员会成员应当由全体家长民主选举产生。

学校实施直接涉及学生个体利益的活动，一般应提交家长委员会讨论，由家长自主选择、做出决定。

依法办学，落实师生主体地位，形成自由平等公正法治的育人环境

对学生进行处分，应当做到事实清楚、定性准确、依据充分、程序正当，重教育效果，做到公平公正。作出不利处分前，应当给予学生陈述与申辩的机会，对未成年学生应当听取其法定监护人的意见。

健全学校权利救济和纠纷解决机制，有效化解矛盾纠纷

对师生与学校发生的法律争议，学校应当积极应诉，认真落实法律文书要求学校履行的义务。

学校处理教师、学生申诉或纠纷，应当建立并积极运用听证方式，保证处理程序的公开、公正。

——以上见《教育部关于印发〈全面推进依法治校实施纲要〉的通知》（教政法〔2012〕9号），2012年11月22日

到2020年，每所中小学至少有1名教师接受100学时以上的系统法律知识培训，能够承担法治教育教学任务，协助解决学校相关法律问题。

加快推进章程建设。到2020年，全面实现学校依据章程自主办学。

鼓励依托教职工代表大会、学生代表大会制度，健全完善学校的学生申诉、教师申诉制度，设立师生权益保护、争议调解委员会、仲裁委员会等机构，吸纳师生代表，公平、公正调处纠纷、化解矛盾。

到2020年，学校要全面达到依法治校的基本要求，形成一

批高标准的依法治校示范校。

——以上见《教育部关于印发〈依法治教实施纲要（2016—2020年）〉的通知》（教政法〔2016〕1号），2016年1月7日

各级各类学校要依法制定具有各自特色的学校章程，全面形成一校一章程的格局。同一学区内的中小学，可以制定联合章程。

中小学建立由学校负责人、教师、学生及家长代表、社区代表等参加的校务委员会，对学校章程、发展规划及年度工作报告，对重大教育教学改革及涉及学生、家长、社区工作重要事项的决策等提出意见建议，完善民主决策程序。中小学要加强家长委员会建设，保障家长委员会对学校教育教学、管理活动实施监督，提出意见建议。

学校配置资源以及干部选拔任用、专业技术职务评聘、岗位聘用、学术评价和各种评优、选拔活动，要按照公平公开公正的原则，制订具体实施规则，实现过程和结果的公开透明，接受利益相关方的监督。

——以上见《教育部关于深入推进教育管办评分离　促进政府职能转变的若干意见》（教政法〔2015〕5号），2015年5月4日

建设依法办学、自主管理、民主监督、社会参与的现代学校制度。落实学校办学自主权，提升校长依法科学治理能力，

发挥中小学校党组织的政治核心和战斗堡垒作用，拓宽师生、家长和社会民众参与学校治理的渠道，建立健全学校民主管理制度，构建和谐的家庭、学校、社区合作关系，推动学校可持续发展。

健全管理制度，建立便捷规范的办事程序，完善内部机构组织规则、议事规则等。

指定专人负责学校法制事务，建立学校法律顾问制度，充分运用法律手段维护学校合法权益。

坚持民主集中制，定期召开校务会议，健全学校教职工（代表）大会制度，将涉及教职工切身利益和学校发展的重要事项，提交教职工（代表）大会讨论通过。

设置信息公告栏，公开校务信息，公示收费项目、标准、依据等，保证教职工、学生、相关社会公众对学校重大事项、重要制度的知情权。

建立问题协商机制，听取学生、教职工和家长的意见和建议，有效化解相关矛盾。

健全和完善家长委员会制度，建立家长学校，设立学校开放日，提高家长在学校治理中的参与度，形成育人合力。

引入社会和利益相关者的监督，密切学校与社区联系，促进社区代表参与学校治理。

——以上见《教育部关于印发〈义务教育学校管理标准〉的通知》（教基〔2017〕9号），2017年12月4日

名言链接

在一个民主国家里面，做一个独裁的校长是千不该、万不该的事情。

——陶行知

充分认识建立家长委员会的重要意义

各地教育部门和中小学幼儿园要从办好人民满意教育的高度，充分认识建立家长委员会的重要意义，把家长委员会作为建设依法办学、自主管理、民主监督、社会参与的现代学校制度的重要内容，作为发挥家长在教育改革发展中积极作用的有效途径，作为构建学校、家庭、社会密切配合的育人体系的重大举措，以更大的热情，更有效的措施，创造更好的条件，大力推进建立家长委员会工作。

明确家长委员会的基本职责

家长委员会应在学校的指导下履行职责。

参与学校管理。对学校工作计划和重要决策，特别是事关学生和家长切身利益的事项提出意见和建议。对学校教育教学和管理工作予以支持，积极配合。对学校开展的教育教学活动进行监督，帮助学校改进工作。

参与教育工作。发挥家长的专业优势，为学校教育教学活动提供支持。发挥家长的资源优势，为学生开展校外活动提供教育资源和志愿服务。发挥家长自我教育的优势，交流宣传正确的教育理念和科学的教育方法。

沟通学校与家庭。向家长通报学校近期的重要工作和准备采取的重要举措，听取并转达家长对学校工作的意见和建议。向学校及时反映家长的意愿，听取并转达学校对家长的希望和要求，促进学校和家庭的相互理解。

积极推进家长委员会组建

建立家长委员会，要发挥学校主导作用，落实学校组织责任，纳入学校日常管理工作；要尊重家长意愿，充分听取家长意见，调动家长的积极性和创造性；要根据学校发展状况和家长实际情况，采取灵活多样的组织方式，确保家长委员会工作取得实效。

——以上见《教育部关于建立中小学幼儿园家长委员会的指导意见》（教基一〔2012〕2号），2012年2月17日

学校教职工代表大会（以下简称教职工代表大会）是教职工依法参与学校民主管理和监督的基本形式。

学校应当建立和完善教职工代表大会制度。

教职工代表大会和教职工代表大会代表应当遵守国家法律法规，遵守学校规章制度，正确处理国家、学校、集体和教职工的利益关系。

教职工代表大会在中国共产党学校基层组织的领导下开展工作。教职工代表大会的组织原则是民主集中制。

教职工代表大会的职权是：

（一）听取学校章程草案的制定和修订情况报告，提出修改意见和建议；

（二）听取学校发展规划、教职工队伍建设、教育教学改

革、校园建设以及其他重大改革和重大问题解决方案的报告，提出意见和建议；

（三）听取学校年度工作、财务工作、工会工作报告以及其他专项工作报告，提出意见和建议；

（四）讨论通过学校提出的与教职工利益直接相关的福利、校内分配实施方案以及相应的教职工聘任、考核、奖惩办法；

（五）审议学校上一届（次）教职工代表大会提案的办理情况报告；

（六）按照有关工作规定和安排评议学校领导干部；

（七）通过多种方式对学校工作提出意见和建议，监督学校章程、规章制度和决策的落实，提出整改意见和建议；

（八）讨论法律法规规章规定的以及学校与学校工会商定的其他事项。

教职工代表大会的意见和建议，以会议决议的方式做出。

教职工代表大会代表实行任期制，任期 3 年或 5 年，可以连选连任。

有教职工 80 人以上的学校，应当建立教职工代表大会制度；不足 80 人的学校，建立由全体教职工直接参加的教职工大会制度。

教职工代表大会每学年至少召开一次。

遇有重大事项，经学校、学校工会或 1/3 以上教职工代表大会代表提议，可以临时召开教职工代表大会。

教职工代表大会每 3 年或 5 年为一届。期满应当进行换届选举。

教职工代表大会须有2/3以上教职工代表大会代表出席。

学校应当为学校工会承担教职工代表大会工作机构的职责提供必要的工作条件和经费保障。

——以上见《学校教职工代表大会规定》（中华人民共和国教育部令第32号），2011年12月8日

认真做好重要信息的主动公开工作。按照法律法规和国家有关规定，中小学要重点主动公开下列信息：

1. 学校基本情况，包括历史沿革、办学性质、办学地点、办学规模、办学基本条件、机构职能、联系方式等；

2. 学校现行规章制度以及办事流程；

3. 学校发展规划、年度工作计划及其执行情况；

4. 学校招生的计划、范围、对象，学生学籍管理规定和评优奖励办法，非义务教育阶段学校的报考条件、录取办法，奖学金、助学贷款、助学金、勤工俭学和学费减免的申请条件、审批程序和结果；

5. 学校收费的类别、项目、标准、依据、范围、计费单位和批准机关以及监督电话；

6. 学校教学科研工作的有关规定，教学与科研成果评选，课程设置方案与教学计划及执行情况；

7. 学校教职工招聘、职称评聘、职务晋升、评优的条件、程序、结果及争议解决办法，绩效考核及绩效工资分配办法，教师培训等师资建设情况；

8. 学校数量较多的物资采购、基本建设与维修、房产承包

与租赁等的招投标结果及实际执行情况；

9. 学校经费收支情况，学校资产和受赠物的管理使用情况；

10. 学生住宿、用餐、组织活动等服务事项及安全管理情况，自然灾害、传染病等涉及师生安全的突发公共事件应急预案及处置情况；

11. 其他应当主动公开的情况。

——以上见《教育部关于推进中小学信息公开工作的意见》(教办〔2010〕15号)，2010年12月25日

案例选编

1. 福建泉州实验中学：家委会深耕家校协作新模式

福建省泉州实验中学通过构建学校、年段、班级三位一体的家长委员会架构，有效地将社会、学校、家庭紧密联系起来，打破了学校的“围墙”，使家长参与学校的民主管理，和学校共同为学生撑起一片蓝天。

学校已经把家委会制度化，使之融入学校日常的管理和建设中。据介绍，家委会在该校已经走过了十个春秋。自家委会成立以来，学校主动把家委会推到台前，在各种场合下树立家委会的形象，明确家委会成员在学校中的地位，使他们真正成为学校的主人，参与学校工作的各个方面。目前，学校共有 14 位校级家委会成员，每个年段 2 位。

学校每年定期召开两次家委会座谈会，同时结合互联网的特性，建立家委会微信公众平台等，全面打造健全、畅通的家委会网络机制，也进一步打通学校教育 8 小时以外的空间和时间。

家委会把家长的想法、学生在家的表现、老师的工作态度等有机联系在一起，努力营造百花齐放的校园氛围，打破唯成绩论，全面塑造学生的人格，促进学生身心健康成长。

通过家委会，一方面，家长能够了解学生在学校的表现，家长之间也能够互相交流经验，在分享中不断提升自身的管理方式；另一方面，家长与老师的角色互补，也能不断提升老师的工作能力。

学校近年来还不断创新和突破，请家长到学校做义工，参与各项校园文化活动和爱心公益活动。

——原载于：福建新闻网，2015 年 6 月 12 日，有改动

2. 湖南师大附中：积极探索现代教育学校制度建设

湖南师范大学附属中学形成了围绕“依法治校、民主治校、学术治校”三个核心开展工作的附中特色学校治理体系。

在完善这一体系的过程中，本着制度管人、制度管事的原则，学校修订了作为学校根本制度的学校章程，完善了校长负责制，建立了制度规范下的现代学校。同时，学校着手建立起“校务委员会、教师委员会、学术委员会、家长委员会”的民主治理结构。

学校本着“以人为本，承认差异，发展个性，着眼未来”的课改思想，构建了“两性四型”具有附中特色的课程体系。将课程分为“基础性”和“拓展性”两大类。这样的课程体系给了学生更多的选择权，让他们有更多的机会充实和丰富自己。

学校的学生发展服务体系，包括全体学生全面发展的保障体系、学生个性发展的支持体系、心理教育辅导体系、综合素质评价体系、家庭困难学生救助体系五个部分。

在全体学生全面发展的保障体系中，学校建立了导师制，保证每一位学生都有导师对自己进行思想引导、学习辅导、心理疏导、生活指导等，由此保障全体学生得以全面发展。

在学生个性发展的支持体系中，学校创设了“四大节四体验”活动平台。在重视朋辈教育的同时，学校成立了学长团指导低年级同学，附中本部高中学生指导多元校区初中学生。此

外，学校还加强学生干部队伍建设，定期召开师生、家校、亲子交流会，充分发挥家校平台的作用，成立家长义工队义务为学生服务，积极引导学生参与民主治校，进行自我管理等。

——原载于：《中国教育报》，2015年4月16日第6版，有改动

3. 广东深圳园岭小学：用好章程，扎牢办学之“根”

2002年，广东省深圳市园岭小学依照宪法、法律、法规，结合学校实际情况，制定了第一版《园岭小学章程》，章程几乎涵盖了学校管理工作的方方面面；此后，依照章程建立健全各项规章制度。

在园岭小学，每周五下午的校长办公例会是雷打不动的，各分部都会有校长、副校长参加，总结一周工作，同时部署下周工作。下一周的周一，各分部开行政会，将上周五的会议精神落实；每周三，各分部的教师例会，听取教师代表的意见。

学校设立了“校长接访日”。一间20平方米的房间，大门冲着马路，在这里每月的10日、20日、30日（2月为28日或29日），学校7个校级干部轮流坐班，让家长、学生的声音得到了最直接的表达。

《园岭小学章程》明确提出了“品牌建设”。学校聘请了专家顾问组，成立了品牌管理委员会，召开了专门的研讨会，全面客观地分析了学校发展的背景与现状、经验与教训、优势与劣势、机遇与风险，认清了学校的核心竞争力，制订了学校发展计划与目标，确立了学校发展的十二大支柱，从一个目标、两轮启动、三项提升、四大工程、五大特色、六种题材来创新和推动园

岭品牌的发展模式。

在日常管理中，园岭小学提出了“学校要管人，管人要管心，管心要知心，知心要关心”的理念，积极倡导刚性的制度管理与柔性的人本管理相融合的理性管理，使广大师生感受到民主、平等、友善、亲情、鼓舞、感化和帮助，使学校成为师生兴奋、留恋的地方。

——原载于：《中国教育报》，2015 年 12 月 10 日第 6 版，有改动

4. 重庆永川上游小学：家委会走向“私人订制”

重庆市永川区上游小学的“点餐式”家校共育之路，被家长们亲切地称作“家庭教育服务私人订制”。

学校的教育资源菜单分为三级：教师菜单主要是每天下午放学后由教师轮流为学生提供篮球、器乐、心理咨询、学习指导等项目式服务；家长菜单主要是根据家长的职业与特长形成 10 个大项 50 余个小项服务；专家菜单则是针对学生共性的问题寻求专家支持。这三级菜单一般在寒暑假进行全面更新，开学时向全体师生及家长公示，供学生、家长们自主选择。

家委会资源库中有 150 余位志愿者家长，每天轮流到学校上班，接待了解来访师生及家长的诉求，浏览学校网站的点餐平台，收集整理相关信息。两年多的实践收到了明显的实效，发生了许多感人的故事。

家委会提供的特色点餐活动还有“家长大讲堂”和“家长进课堂”。“怎样培养孩子良好的阅读习惯”“孩子不喜欢跟我交

流，我该怎么办”“怎样当好继父和继母”“我的孩子有早恋倾向”“小学生应该具备哪些基本素养”等，都是点击率高的家庭教育问题。“家长大讲堂”每月开展一次，专题讲座+现场提问式讨论，主要由优秀家长来讲，偶尔请专家现场指导。这个平台既能解决教育困惑、积累教育经验，同时也践行了“与孩子一同成长”的教育理念。

学生对“如何科学膳食”“交通规则早知道”“小学生知法与守法”“心理健康课”等的学习需求非常强烈，而教师的专业化水平达不到，于是各行各业的家长代表带着自己的专业知识走进学校、走进教室。“家长进课堂”成了学校一道亮丽的风景线。

开展“点餐式”服务家校共育以来，学校发生了令人惊喜的三大变化：一是家长们从幕后走到台前，与学校形成了一股强大的教育合力，把“5+2=0”的尴尬教育演变成了“5+2>7”的高质量教育；二是把学校教育从单一引向了多元，家长走进课堂、参与管理，丰富了教育内容，优化了学校管理，为开放式办学奠定了坚实的基础；三是教育更有针对性和实效性，更有利于孩子全面而个性化的发展。

——原载于：《中国教育报》，2016年9月22日第10版，有改动

第十章
整合校外教育资源

本章导读

校外教育是发展素质教育的重要载体，是加强青少年学生社会主义核心价值观教育，培养学生发展核心素养的重要平台。加强校外教育是全面贯彻党的教育方针，促进青少年学生健康成长的必然要求。普通中小学校长应高度重视校外教育，深刻理解、准确把握相关政策法规要求，充分发挥校外教育资源的积极作用，统筹安排校内外教育教学，增强教育合力；科学利用校外教育综合实践基地的功能，使各类社会实践活动常态化，着力培养学生的社会责任感、创新精神和实践能力，全面提升学生综合素养；重视研学旅行、劳动教育学等工作，有序组织好夏（冬）令营等实践体验活动，为学生全面发展、个性成长提供有力支持。

要点摘编

充分调动全社会关心支持教育的积极性，共同担负起培育下一代的责任，为青少年健康成长创造良好环境。

充分发挥家庭教育在儿童少年成长过程中的重要作用。

——以上见《中共中央 国务院关于印发〈国家中长期教育改革和发展规划纲要（2010—2020 年）〉的通知》（中发〔2010〕12 号），2010 年 7 月 8 日

社区教育是我国教育事业的重要组成部分。

积极开展青少年校外教育。推动实现社区教育与学校教育有效衔接和良性互动。

充分利用社区内的各类教育、科普资源，开展校外教育及社会实践活动，为青少年健康成长提供良好的社区教育环境。有条件的中小学、幼儿园可派教师到社区教育机构提供志愿服务。

——《教育部等九部门关于进一步推进社区教育发展的意见》（教职成〔2016〕4 号），2016 年 6 月 28 日

名言链接

要改变学生的环境，不能专靠学校，必须联合家庭、社会，才能作成。

——晏阳初

家长学校主要任务：面向广大家长宣传党的教育方针、相关法律法规和政策，宣传科学的家庭教育理念、知识和方法，引导家长树立正确的儿童观和育人观；组织开展形式多样的家庭教育实践活动，增进亲子之间的沟通和交流，使家长和儿童在活动中共同成长进步；通过多种形式为家长儿童提供指导和服务，帮助解决家庭教育中的难点问题，提升家长教育培养子女的能力和水平；增进家庭与学校的有效沟通，努力构筑学校、家庭、社区“三结合”的未成年人教育网络，为儿童健康成长营造良好环境。

家长学校要按照阵地共用、资源共享、节俭办学、务求实效的原则，努力达到有挂牌标识、有师资队伍、有固定场所、有教学计划、有活动开展、有教学效果的规范化建设目标。

幼儿园、中小学校、中等职业学校要把家长学校工作纳入幼儿园、学校工作的总体部署，把家庭教育指导纳入教师岗前培训、在岗培训和骨干培训中，纳入农村中小学现代远程教育中，纳入形式多样的教育教学活动中，纳入研究与督导评估中。

中小学校家长学校校长由分管德育工作的校长兼任，与德育主任、年级组长、班主任、家长代表等人员共同组成校务管理委员会，负责家长学校日常管理事务，每学期至少召开1次管理委员会会议。

——以上见《全国妇联 教育部 中央文明办关于进一步加强家长学校工作的指导意见》（妇字〔2011〕2号），2011年1月27日中小学幼儿园要建立健全家庭教育工作机制，统筹家长委员会、家长学校、家长会、家访、家长开放日、家长接待日等各种家校沟通渠道，逐步建成以分管德育工作的校长、幼儿园园长、中小学德育主任、年级长、班主任、德育课老师为主体，专家学者和优秀家长共同参与，专兼职相结合的家庭教育骨干力量。

要举办家长培训讲座和咨询服务，开展先进教育理念和科学育人知识指导；举办经验交流会，通过优秀家长现身说法、案例教学发挥优秀家庭示范带动作用。组织社会实践活动，定期开展家长和学生共同参与的参观体验、专题调查、研学旅行、红色旅游、志愿服务和社会公益活动。

中小学幼儿园要把家长学校纳入学校工作的总体部署，帮助和支持家长学校组织专家团队，聘请专业人士和志愿者，设计较为具体的家庭教育纲目和课程，开发家庭教育教材和活动指导手册。

中小学家长学校每学期至少组织 1 次家庭教育指导和 1 次家庭教育实践活动。

——以上见《教育部关于加强家庭教育工作的指导意见》（教基一〔2015〕10 号），2015 年 10 月 11 日

在中小学、幼儿园、中等职业学校建立家长学校，城市学校建校率达到 90%，农村学校达到 80%。确保中小学家长学校每学期至少组织 1 次家庭教育指导和 1 次家庭教育实践活动。

——全国妇联、教育部等九部门《关于印发〈关于指导推进家庭教育的五年规划（2016—2020 年）〉的通知》（妇字〔2016〕39 号），2016 年 11 月 2 日

大力开展校内外结合的科技教育活动。充分发挥非正规教育的促进作用，推动建立校内与校外、正规与非正规相结合的科技教育体系。

拓展校外青少年科技教育渠道，鼓励中小学校利用科技馆、青少年宫、科技博物馆、妇女儿童活动中心等各类科技场馆及科普教育基地资源，开展科技学习和实践活动。

——以上见《国务院办公厅关于印发全民科学素质行动计划纲要实施方案（2016—2020 年）的通知》（国办发〔2016〕10 号），2016 年 2 月 25 日

广大中小学校要结合实际积极作为，充分利用学校在管理、人员、场地、资源等方面的优势，主动承担起学生课后服务责任。

中小学校开展课后服务工作，要事先充分征求家长意见，主动向家长告知服务方式、服务内容、安全保障措施等，建立家长申请、班级审核、学校统一实施的工作机制。

坚决防止将课后服务变相成为集体教学或“补课”。鼓励中小学校与校外活动场所联合组织开展学生综合实践活动，或组织学生就近到社区、企事业单位开展社会实践活动。

——以上见《教育部办公厅关于做好中小学生课后服务工作的指导意见》（教基一厅〔2017〕2 号），2017 年 2 月 24 日

要将开展社会实践作为不断丰富教育内容的主要途径。

学校要选派政治素质好、责任心强、业务水平高的教师从事

学生社会实践的组织指导工作，计算工作量，纳入教师绩效工资统筹管理。要重视发挥团队辅导员在组织指导学生开展社会实践活动中的作用。

学校在组织学生参加社会实践活动时要制定切实可行的安全措施和预案，指定专人负责。要开展必要的自护自救教育，教给学生自我保护的方法，增强学生安全防范意识和自我保护能力。要建立完善中小学生社会实践活动人身安全保险制度和相关配套制度。

有条件的地区，要将义务教育阶段学生参与社会实践活动的经费列入教育经费预算予以保证。对于非义务教育阶段学生参加的社会实践活动，根据活动内容的不同核定成本，由财政、学校和学生家长合理分担。

学校要对学生参加社会实践活动情况进行考核，及时做好活动小结和鉴定工作，并将考核结果逐步纳入学生综合素质评价和毕业资格认定范畴。

——以上见《教育部关于联合相关部委利用社会资源开展中小学社会实践的通知》（教基一〔2011〕2号），2011年5月5日

中小学生出国参加夏（冬）令营等有关活动系指在寒、暑假期间有组织地组织在校中小学生以团体形式出国参加夏（冬）令营、校园考察、文化体验、语言培训等交流活动。

组织中小学生参加出国夏（冬）令营等有关活动的主办单位应是中小学校、教育行政部门所属的对外教育交流机构或者共青团、少先队与妇联组织，可以委托国家旅游局许可经营出境旅

游业务的旅行社承办。凡涉及与国际（或目的国）非政府组织开展交流的，应向上级外事主管部门请示报批和备案。

要以学生为本，建立完善的安全责任机制、安全预警和突发事件应急机制，切实履行职责，对出现的问题苗头及时研究解决，严防重大涉外安全等事故发生。

不得以营利为目的组织出国夏（冬）令营等有关活动。与相关机构合作组织出国夏（冬）令营等有关活动要认真审查合作的境内外组团机构的资质，签署合作协议，细化活动安排，并指派专人随团负责团组工作，使夏（冬）令营等活动切实起到教育作用。要与学生家长签订委托协议书，明确各方的权利义务，细化安全保障和保险理赔等涉及学生切身利益的事宜。原则上不组织低年级学生出国参加夏（冬）令营等有关活动。

——以上见《教育部 外交部 公安部 国家旅游局关于进一步加强对中小学生出国参加夏（冬）令营等有关活动管理的通知》（教外监〔2012〕26号），2012年4月24日

境外研学旅行一般应以小学四年级以上年级的学生为主体，组织三年级以下完全无民事行为能力的学生参加活动的，举办者应当依法特别明确相应的权利义务及责任。

境外研学旅行的教育教学内容和学习时长所占比例一般不少于在境外全部行程计划的1/2。

一般小学生不宜超过3周，中学生不宜超过6周。每次活动安排不宜超过2个国家，每个国家的参访城市不宜超过4个。

举办者要为赴境外研学旅行团组配备随团带队教师，并指定

1 名带队教师为领队。团组的带队教师与学生的比例一般不低于 1∶10。学生年龄结构偏小的团组，需酌情增派带队教师。

中小学学生参加非本校组织的境外研学旅行的，家长应当告知学校。一个学校有超过 5 名学生参加同一个境外研学旅行的，学校应当告知主管教育行政部门。

——以上见教育部制定发布的《中小学学生赴境外研学旅行活动指南（试行）》，2014 年 7 月 14 日

各中小学要结合当地实际，把研学旅行纳入学校教育教学计划，与综合实践活动课程统筹考虑，促进研学旅行和学校课程有机融合，要精心设计研学旅行活动课程，做到立意高远、目的明确、活动生动、学习有效，避免“只旅不学”或“只学不旅”现象。学校根据教育教学计划灵活安排研学旅行时间，一般安排在小学四到六年级、初中一到二年级、高中一到二年级，尽量错开旅游高峰期。学校根据学段特点和地域特色，逐步建立小学阶段以乡土乡情为主、初中阶段以县情市情为主、高中阶段以省情国情为主的研学旅行活动课程体系。

各地教育行政部门和中小学要探索制定中小学生研学旅行工作规程，做到“活动有方案，行前有备案，应急有预案”。学校组织开展研学旅行可采取自行开展或委托开展的形式，提前拟定活动计划并按管理权限报教育行政部门备案，通过家长委员会、致家长的一封信或召开家长会等形式告知家长活动意义、时间安排、出行线路、费用收支、注意事项等信息，加强学生和教师的研学旅行事前培训和事后考核。学校自行开展研学旅行，要根据

需要配备一定比例的学校领导、教师和安全员，也可吸收少数家长作为志愿者，负责学生活动管理和安全保障，与家长签订协议书，明确学校、家长、学生的责任权利。学校委托开展研学旅行，要与有资质、信誉好的委托企业或机构签订协议书，明确委托企业或机构承担学生研学旅行安全责任。

学校要做好行前安全教育工作，负责确认出行师生购买意外险，必须投保校方责任险，与家长签订安全责任书，与委托开展研学旅行的企业或机构签订安全责任书，明确各方安全责任。

学校要在充分尊重个性差异、鼓励多元发展的前提下，对学生参加研学旅行的情况和成效进行科学评价，并将评价结果逐步纳入学生学分管理体系和学生综合素质评价体系。

——以上见《教育部等 11 部门关于推进中小学生研学旅行的意见》（教基一〔2016〕8 号），2016 年 11 月 30 日

建立中小学生利用博物馆学习的长效机制。文物部门和博物馆要加强与教育部门和学校的联系，根据教学需要实施相关教育项目，配备专职辅导人员，使博物馆教育与学校教育相互补充、相互促进。未实施免费开放的遗址类博物馆，应当对中小学生集体参观博物馆实行免费。中小学校要把教育教学活动与博物馆学习有机结合，合理安排时间，并做好具体组织工作。

——以上见《国家文物局 教育部关于加强文教结合、完善博物馆青少年教育功能的指导意见》（文物博发〔2015〕9 号），2015 年 6 月 18 日

严禁校外培训机构组织中小学生等级考试及竞赛，坚决查处将校外培训机构培训结果与中小学校招生入学挂钩的行为，并依法追究有关学校、培训机构和相关人员责任。

坚持依法从严治教，坚决查处一些中小学校不遵守教学计划、“非零起点教学”等行为，严厉追究校长和有关教师的责任；坚决查处中小学教师课上不讲课后到校外培训机构讲，并诱导或逼迫学生参加校外培训机构培训等行为，一经查实，依法依规严肃处理，直至取消教师资格。

中小学校负责全面普查登记每一名学生报班参加学科类校外培训的情况，为专项治理工作提供重要参考。

——以上见《教育部办公厅等四部门关于切实减轻中小学生课外负担开展校外培训机构专项治理行动的通知》（教基厅〔2018〕3号），2018年2月13日

规范管理面向基础教育领域开展的竞赛、挂牌、命名及表彰等活动，是全面深化教育改革、推进教育治理体系和治理能力现代化的必然要求，是切实减轻学生和家长负担，促进学生健康成长全面发展的迫切需要。

现有面向基础教育领域开展的竞赛、挂牌、命名及表彰等活动一律按管理权限进行重新核准，并在批准部门官网上公布活动组织时间、内容、范围、组织方式、监督方式等。未经重新核准的，不得再组织开展活动。

经批准，组织实施的竞赛、挂牌、命名及表彰等活动，必须贯彻党的教育方针，遵循教育规律，有利于发展素质教育，有利

于促进学生身心健康和全面发展；必须坚持公益、自愿原则，不得以任何理由和条件强行要求学校或学生参加此类活动，不得收取活动费、报名费和其它各种名目的费用，不得组织培训，不得推销或变相推销相关资料、书籍或商品，坚决克服逐利倾向。

面向基础教育领域开展的竞赛、挂牌、命名及表彰等活动的获奖结果只能视为荣誉，不得作为中小学招生入学依据。

各级教育行政部门和学校不得承认违规开展的此类活动的成绩或结果。各级教育行政部门要加强对中小学校的管理和指导，广大中小学校不得组织中小学生参加各类违规举办的活动。严禁组织与义务教育招生入学挂钩的“奥数”、等级评定、选拔性考试及学科类竞赛活动。

——以上见《教育部办公厅关于规范管理面向基础教育领域开展的竞赛挂牌命名表彰等活动的公告》（教基厅〔2018〕4号），2018年2月12日

案例选编

1. 河北邢台临城中小学：家长学校搭建起家校连心桥

成立家长学校、建立家校育人渠道，在城市里的中小学校已成常态，但在农村尚有欠缺。为此，近年来河北省邢台市临城县教育局通过办家长学校、建立家长委员会等形式，逐渐搭建起农村学校与学生家庭及社会沟通的桥梁，共同助推中小学生的健康成长。

临城二中是一所初中，全校有2000多名学生，1200多名住校生。据校长杨建华介绍，在没有家长学校之前，该校寄宿生家长同学校沟通少，再加上孩子们多处于青春期，往往逆反心理重、任性、自以为是，自控能力差，还有的家长在外打工，孩子缺少亲情关怀，产生很多心理问题。家长学校成立后，临城二中在加强学生青春期教育的同时，多次办学习班，给家长讲解管理孩子的方法和技巧。针对留守儿童缺乏亲情关怀等问题，学校在每个学生宿舍安装了固定电话，以家长委员会的名义，让在外打工的家长每月定期给孩子打亲情电话，及时了解孩子的学习、生活状况。

临城第二小学的家长学校每月为家长发放《致家长的一封信》，把孩子的优缺点、在校表现以及应注意的安全问题，及时反馈给学生家长。

据了解，自去年年初以来，临城全县27所乡镇学校都成立了家长学校，而且每月举办一次家长课堂活动。

——原载于：《中国教育报》，2013年8月17日第3版，有改动

2. 黑龙江黑河小学：体验式“生命健康安全教育”进校园

为有效开展家校合作，为孩子的成长营造良好的环境，作为中国红十字会总会“生命健康安全教育”项目学校的黑龙江省黑河小学与黑河市红十字会联合开展了“生命健康安全教育”项目系列活动，重在让参与者在亲身“体验”中，感受危险的突袭，增强防灾避险意识，通过对师生开展救护员培训、亲子讲座、生命健康安全教育体验和群众性应急演练等系列活动，提高师生的自救互救技能。

10月，学校与黑河市红十字会联合举办“生命健康安全教育”项目——亲子讲座。学校邀请市红十字会具有丰富救护经验的老师来校，与三年级至六年级的800名学生和家长一同开展了十期亲子体验活动。通过体验式培训，学生和家长掌握了针对火灾、地震、踩踏等突发事件以及家庭和校园内常见意外伤害的处理原则和方法，有效提高了遭遇突发事件时的现场应急处置能力。

10月下旬，学校与黑河市红十字会、市合作区公安消防大队、市教育局等7家单位联合开展了主题为“小手拉大手，安全一起走”的红十字“生命健康安全教育”项目暨“群众性应急演练”主题活动，目的是让师生全面、细致地了解消防及紧急救治常识。整个演练过程快速、安全、有序，学生安全撤出后，黑河市疾控中心和黑河市第一人医院的医护人员进行了紧急包扎、心肺复苏现场救治演示，黑河市公安消防大队官兵针对火灾逃生知识、灭火器使用进行讲解及现场演示。活动结束后，全校师生进行了千人签名活动。

11月，学校“生命健康安全教育”项目重点组织学生开展“四个一”系列活动：读一本《小学生生命安全读本》，做一期以感恩为主题的手抄报，进行一次以感恩为主题的拓展游戏，上一节应急自救技能学习课。

——原载于：黑龙江省教育厅网站，2015年11月9日，有改动

3. 陕西西安庆安初中：研学旅行，让学生行走在流动的课堂里

2016年11月22日—24日，全国基础教育学习总论坛暨“研学旅行在中国西安”现场会在西安如期展开。作为西安市研学旅行工作的翘楚，陕西省西安市庆安初级中学承担了向全国专家展示研学旅行成果的工作。

11月23日上午，学校在会议中做了西安市庆安初级中学研学旅行工作汇报，向与会代表介绍了近年来学校在研学旅行方面的成果，给与会代表发放了学校的《研学旅行汇编手册》，总结了研学旅行活动对推进学校素质教育工作的积极作用。

23日下午，与会代表全程观摩了学校的研学旅行活动。本次研学主题为“走进葡萄种植基地探寻民族工业发展”，这是西安市教育局向全国各地专家展示研学旅行活动的八条路线之一，旨在开展走进葡萄种植基地的研学旅行活动，让学生了解葡萄酒的制作，感悟中国民族工业崛起的辉煌历程，树立学生振兴民族经济的社会责任感。

开营仪式简单热身后，各班整理队伍，前往张裕瑞那城堡酒

庄。行车途中，各班积极开展班级小组建设，各组进行拉歌比赛、猜谜比赛、成语接龙、酒文化知识串烧等活动，一路欢声笑语，体现了小组建设的独特风采。在张裕瑞那城堡酒庄，同学们认真听取了讲解员关于葡萄种植的知识宣讲，亲身体验了4D动态影厅，走近葡萄的内部结构，近距离了解生物常识。在葡萄酒酿造展厅，讲解员关于如何品鉴葡萄酒的设问深深吸引住了同学们，大家积极发言，各抒己见；在实业兴邦厅，同学们被张弼士先生实业兴邦、商业救国的爱国主义情怀所打动；品重醴泉展厅展示了孙中山先生一生当中唯一一次为企业的题词，同学们沉思于近代中华民族发展的厚重历史中；全球战略厅展现了中国葡萄酒以中国为中心向全球扩展的雄心战略，同学们被今天国家强盛、民族工业发展蒸蒸日上的景象所振奋；酿造车间和灌装线的参观，让同学们现场体会了葡萄酒酿造工业流水线的先进；DIY葡萄酒生产线，同学们亲自动手制作彩绘个性化酒瓶……一下午的研学活动，让同学们收获满满。

——原载于：西安研学旅行网，2016年11月24日，有改动

第十一章
推动教师专业成长

本章导读

教育大计，教师为本。教师是教育事业发展的基础，是办好人民满意教育的关键。为了推动教师的专业发展，国家出台了《中国共央 国务院关于全面深化新时代教师队伍建设改革的意见》《国务院关于加强教师队伍建设的意见》等重要文件。强化教师培养工作，做到普及性培训与名师培养相结合、通识培训与学科培训相结合；重视支教和交流工作，促进东西部地区、城乡之间的均衡发展；实施农村义务教育阶段学校教师特设岗位计划，公开招募优秀高校毕业生到西部农村任教，鼓励高校毕业生从事农村教育工作；通过岗位设置优化晋级机制，激发教师的工作热情；加强师德师风建设，强化教师队伍管理，促进教师队伍的整体优化。

要点摘编

目标任务

经过5年左右努力，教师培养培训体系基本健全，职业发展通道比较畅通，事权人权财权相统一的教师管理体制普遍建立，待遇提升保障机制更加完善，教师职业吸引力明显增强。教师队伍规模、结构、素质能力基本满足各级各类教育发展需要。

到2035年，教师综合素质、专业化水平和创新能力大幅提升，培养造就数以百万计的骨干教师、数以十万计的卓越教师、数以万计的教育家型教师。教师管理体制机制科学高效，实现教师队伍治理体系和治理能力现代化。教师主动适应信息化、人工智能等新技术变革，积极有效开展教育教学。尊师重教蔚然成风，广大教师在岗位上有幸福感、事业上有成就感、社会上有荣誉感，教师成为让人羡慕的职业。

着力提升思想政治素质，全面加强师德师风建设

提高思想政治素质。加强理想信念教育，深入学习领会习近平新时代中国特色社会主义思想，引导教师树立正确的历史观、民族观、国家观、文化观，坚定中国特色社会主义道路自信、理论自信、制度自信、文化自信。引导教师准确理解和把握社会主义核心价值观的深刻内涵，增强价值判断、选择、塑造能力，带头践行社会主义核心价值观。引导广大教师充分认识中国教育辉煌成就，扎根中国大地，办好中国教育。

加强中华优秀传统文化和革命文化、社会主义先进文化教育，弘扬爱国主义精神，引导广大教师热爱祖国、奉献祖国。创新教师思想政治工作方式方法，开辟思想政治教育新阵地，利用思想政治教育新载体，强化教师社会实践参与，推动教师充分了解党情、国情、社情、民情，增强思想政治工作的针对性和实效性。要着眼青年教师群体特点，有针对性地加强思想政治教育。落实党的知识分子政策，政治上充分信任，思想上主动引导，工作上创造条件，生活上关心照顾，使思想政治工作接地气、入人心。

弘扬高尚师德。健全师德建设长效机制，推动师德建设常态化长效化，创新师德教育，完善师德规范，引导广大教师以德立身、以德立学、以德施教、以德育德，坚持教书与育人相统一、言传与身教相统一、潜心问道与关注社会相统一、学术自由与学术规范相统一，争做“四有”好教师，全心全意做学生锤炼品格、学习知识、创新思维、奉献祖国的引路人。

大力振兴教师教育，不断提升教师专业素质能力

全面提高中小学教师质量，建设一支高素质专业化的教师队伍。开展中小学教师全员培训，促进教师终身学习和专业发展。转变培训方式，推动信息技术与教师培训的有机融合，实行线上线下相结合的混合式研修。改进培训内容，紧密结合教育教学一线实际，组织高质量培训，使教师静心钻研教学，切实提升教学水平。推行培训自主选学，实行培训学分管理，建立培训学分银行，搭建教师培训与学历教育衔接的“立交桥”。继续实施教师国培计划。鼓励教师海外研修访学。

深化教师管理综合改革，切实理顺体制机制

创新和规范中小学教师编制配备。在现有编制总量内，统筹考虑、合理核定教职工编制，盘活事业编制存量，优化编制结构，向教师队伍倾斜，采取多种形式增加教师总量，优先保障教育发展需要。加强和规范中小学教职工编制管理，严禁挤占、挪用、截留编制和有编不补。实行教师编制配备和购买工勤服务相结合，满足教育快速发展需求。

优化义务教育教师资源配置。实行学区（乡镇）内走教制度，地方政府可根据实际给予相应补贴。

逐步扩大农村教师特岗计划实施规模，适时提高特岗教师工资性补助标准。鼓励优秀特岗教师攻读教育硕士。鼓励地方政府和相关院校因地制宜采取定向招生、定向培养、定期服务等方式，为乡村学校及教学点培养“一专多能”教师，优先满足老少边穷地区教师补充需要。实施银龄讲学计划，鼓励支持乐于奉献、身体健康的退休优秀教师到乡村和基层学校支教讲学。

完善中小学教师准入和招聘制度。严格教师准入，提高入职标准，重视思想政治素质和业务能力，结合实际，逐步将小学教师学历提升至师范专业专科和非师范专业本科，初中教师学历提升至本科，有条件的地方将普通高中教师学历提升至研究生。建立符合教育行业特点的中小学、幼儿园教师招聘办法，遴选乐教适教善教的优秀人才进入教师队伍。

深化中小学教师职称和考核评价制度改革。适当提高中小学中级、高级教师岗位比例，畅通教师职业发展通道。完善符合中小学特点的岗位管理制度，实现职称与教师聘用衔接。将中小学教师到乡村学校、薄弱学校任教 1 年以上的经历作为申报高级教师职称和特级教师的必要条件。

进一步完善职称评价标准，建立符合中小学教师岗位特点的考核评价指标体系，坚持德才兼备、全面考核，突出教育教学实绩，引导教师潜心教书育人。加强聘后管理，激发教师的工作活力。完善相关政策，防止形式主义的考核检查干扰正常教学。不简单用升学率、学生考试成绩等评价教师。实行定期注册制度，建立完善教师退出机制，提升教师队伍整体活力。

不断提高地位待遇，真正让教师成为令人羡慕的职业

明确教师的特别重要地位。突显教师职业的公共属性，强化教师承担的国家使命和公共教育服务的职责，确立公办中小学教师作为国家公职人员特殊的法律地位，明确中小学教师的权利和义务，强化保障和管理。公办中小学教师要切实履行作为国家公职人员的义务，强化国家责任、政治责任、社会责任和教育责任。

完善中小学教师待遇保障机制。完善教师收入分配激励机制，有效体现教师工作量和工作绩效，绩效工资分配向班主任和特殊教育教师倾斜。

大力提升乡村教师待遇。认真落实艰苦边远地区津贴等政策，全面落实集中连片特困地区乡村教师生活补助政策，依据学校艰苦边远程度实行差别化补助，鼓励有条件的地方提高补助标准，努力惠及更多乡村教师。加强乡村教师周转宿舍建设，按规定将符合条件的教师纳入当地住房保障范围，让乡村教师住有所居。为乡村教师配备相应设施，丰富精神文化生活。

维护民办学校教师权益。完善学校、个人、政府合理分担的民办学校教师社会保障机制，民办学校应与教师依法签订合同，按时足额支付工资，保障其福利待遇和其他合法权益，并为教师足额缴纳社会保险费和住房公积金。依法保障和落实民办学校教师在业务培训、职务聘任、教龄和工龄计算、表彰奖励、科研立项等方面享有与公办学校教师同等权利。

提升教师社会地位。加大教师表彰力度。大力宣传教师中的“时代楷模”和“最美教师”。

——以上见《中共中央 国务院关于全面深化新时代教师队伍建设改革的意见》（新华社2018年1月31日受权发布），2018年1月20日

名言链接

教育是人的灵魂的教育，而非理智知识和认识的堆积。

——雅斯贝尔斯

完善并严格实施教师准入制度，严把教师入口关。国家制定教师资格标准，提高教师任职学历标准和品行要求。建立教师资格证书定期登记制度。省级教育行政部门统一组织中小学教师资格考试和资格认定，县级教育行政部门按规定履行中小学教师的招聘录用、职务（职称）评聘、培养培训和考核等管理职能。

建立健全义务教育学校教师和校长流动机制。城镇中小学教师在评聘高级职务（职称）时，原则上要有一年以上在农村学校或薄弱学校任教经历。

加强学校岗位管理，创新聘用方式，规范用人行为，完善激励机制，激发教师积极性和创造性。

——以上见《中共中央 国务院关于印发〈国家中长期教育改革和发展规划纲要（2010—2020 年）〉的通知》（中发〔2010〕12 号），2010 年 7 月 8 日

中小学教师专业技术水平评价标准，是中小学教师职称评审的重要基础和主要依据。

要充分考虑教书育人工作的专业性、实践性、长期性，坚持育人为本、德育为先，注重师德素养，注重教育教学工作业绩，注重教育教学方法，注重教育教学一线实践经历，切实改变过分强调论文、学历的倾向，引导教师立德树人，爱岗敬业，积极进取，不断提高实施素质教育的能力和水平。

具体评价标准条件要综合考虑乡村小学和教学点实际，对农村教师予以适当倾斜，稳定和吸引优秀教师在边远贫困地区乡村小学和教学点任教。

在乡村学校任教（含城镇学校教师交流、支教）3 年以上、经考核表现突出并符合具体评价标准条件的教师，同等条件下优先评聘。

——以上见《人力资源社会保障部 教育部关于印发〈关于深化中小学教师职称制度改革的指导意见〉的通知》（人社部发〔2015〕79 号），2015 年 8 月 28 日

做好教师绩效考核工作是加强教师队伍建设的重要基础。

教师绩效考核的内容主要是：教师履行《义务教育法》《教师法》《教育法》等法律法规规定的教师法定职责，以及完成学

校规定的岗位职责和工作任务的实绩，包括师德和教育教学、从事班主任工作等方面的实绩。

师德主要考核教师遵守《中小学教师职业道德规范》的情况，特别是为人师表、爱岗敬业、关爱学生的情况。

教育教学主要考核教师从事德育、教学、教育教学研究、教师专业发展的情况。

——以上见《教育部关于做好义务教育学校教师绩效考核工作的指导意见》（教人〔2008〕15 号），2008 年 12 月 31 日

名言链接

一个学校的教师都能为人师表，有好的品德，就会影响学生，带动学生，使整个学校形成一个好校风，这样有利于学生的德、智、体全面发展，对学生的成长大有益处。

——叶圣陶

继续实施并逐步完善农村义务教育阶段学校教师特设岗位计划，大力推进各省（区、市）实施地方特岗计划，探索建立吸引高校毕业生到村小、教学点任教的新机制。

对在艰苦边远乡村学校和教学点长期任教、贡献突出的教师，按照国家有关规定给予表彰奖励。在评选表彰全国教育系统先进集体和先进个人等方面向乡村教师倾斜。

支持农村名师名校长专业发展，造就一批乡村教育家。研究完善符合村小和教学点实际的职务（职称）评价标准，职务（职称）晋升向村小和教学点专任教师倾斜。

——以上见《教育部 中央编办 国家发展改革委 财政部 人力资源社会保障部关于大力推进农村义务教育教师队伍建设的意见》(教师〔2012〕9号)，2012年9月20日

相关省（自治区、直辖市）要研究制定政策措施，鼓励特设岗位教师在3年聘期结束后，继续扎根基层从事农村教育事业。对自愿留在本地学校的，要负责落实工作岗位，将其工资发放纳入当地财政统发范围，保证其享受当地教师同等待遇。

——以上见《教育部 财政部 人事部 中央编办关于实施农村义务教育阶段学校教师特设岗位计划的通知》(教师〔2006〕2号)，2006年5月15日

切实加强乡村学校教师补充，优先满足连片特困地区和国家扶贫开发工作重点县村小、教学点的教师补充需求，县城学校不再补充新的特岗教师，进一步优化教师队伍结构，加强体音美、外语、信息技术等紧缺薄弱学科教师的补充；向本地生源倾斜。

——以上见《教育部办公厅 财政部办公厅关于做好2017年农村义务教育阶段学校教师特设岗位计划实施工作的通知》(教师厅〔2017〕4号)，2017年4月5日

普通初中教师岗位占岗位总量的比例一般不低于85%，管理岗位、其他专业技术岗位和工勤技能岗位一般不超过15%。普通小学教师岗位占岗位总量的比例一般不低于90%，管理岗位、其他专业技术岗位和工勤技能岗位一般不超过10%。

教师高级岗位五至七级之间的结构比例为2∶4∶4，中级岗位八到十级之间的结构比例为3∶4∶3，初级岗位十一级、十二级之间的比例为5∶5。

义务教育学校工勤技能岗位结构比例，一级、二级、三级岗位的总量占工勤技能岗位总量的比例全国总体控制目标为25%左右，一级、二级岗位的总量占工勤技能岗位总量的比例全国总体控制目标为5%左右。

义务教育学校岗位设置工作按以下程序进行：

（1）制定岗位设置方案，填写岗位设置审核表；

（2）按程序报县级教育行政部门审核，政府人事行政部门核准；

（3）在核准的岗位总量、结构比例和最高等级限额内，制定岗位设置实施方案；

（4）广泛听取教职工对岗位设置实施方案的意见；

（5）岗位设置实施方案由学校负责人员集体讨论通过；

（6）组织实施。

——以上见《人事部 教育部关于印发高等学校、义务教育学校、中等职业学校等教育事业单位岗位设置管理的三个指导意见的通知》（国人部发〔2007〕59号），2007年5月7日

将县镇、农村中小学教职工编制标准统一到城市标准，即高中教职工与学生比为1∶12.5、初中为1∶13.5、小学为1∶19。

在县域范围内统筹中小学教师资源，确保基本开齐开足国家规定课程，特别是体育、音乐、美术、科学技术等课程，以保障

基础教育发展需要和素质教育全面实施。

对适合社会力量提供的工勤和教学辅助等服务，鼓励探索采取政府购买服务方式，纳入当地政府购买服务指导目录，所需资金要通过合理渠道和方式妥善解决。

——以上见《中央编办 教育部 财政部关于统一城乡中小学教职工编制标准的通知》（中央编办发〔2014〕72 号），2014 年 11 月 13 日

适应普及和高考综合改革的需要，根据城乡统一的编制标准要求核定教职工编制，为学校及时补充配齐教师，特别是短缺学科教师。加强县域内教师统筹调配力度，探索建立校际之间教师共享机制，盘活用好教师资源。多种方式开展高中阶段教师培训，培训项目要向教育基础薄弱地区倾斜。

——以上见《教育部等四部门关于印发〈高中阶段教育普及攻坚计划（2017—2020 年）〉的通知》（教基〔2017〕1 号），2017 年 3 月 24 日

中小学教师资格考试暂行办法

小学教师资格考试笔试科目为《综合素质》《教育教学知识与能力》2 科；初级中学、普通高级中学教师和中等职业学校文化课教师资格考试笔试科目为《综合素质》《教育知识与能力》《学科知识与教学能力》3 科。

面试主要考查申请人的职业认知、心理素质、仪表仪态、言语表达、思维品质等教师基本素养和教学设计、教学实施、教学

评价等教学基本技能。

中小学教师资格定期注册暂行办法

教师资格定期注册是对教师入职后从教资格的定期核查。中小学教师资格实行5年一周期的定期注册。定期注册不合格或逾期不注册的人员，不得从事教育教学工作。

有下列情形之一的，注册不合格：

（一）违反《中小学教师职业道德规范》和师德考核评价标准，影响恶劣；

（二）一个定期注册周期内连续两年以上（含两年）年度考核不合格；

（三）依法被撤销或丧失教师资格。

——以上见《教育部关于印发〈中小学教师资格考试暂行办法〉〈中小学教师资格定期注册暂行办法〉的通知》（教师〔2013〕9号），2013年8月15日

小学教师专业标准（试行）

小学要将《专业标准》作为教师管理的重要依据。制定小学教师专业发展规划，注重教师职业理想与职业道德教育，增强教师育人的责任感与使命感；开展校本研修，促进教师专业发展；完善教师岗位职责和考核评价制度，健全小学教师绩效管理机制。

小学教师要将《专业标准》作为自身专业发展的基本依据。制定自我专业发展规划，爱岗敬业，增强专业发展自觉性；大胆开展教育教学实践，不断创新；积极进行自我评价，主动参加教师培训和自主研修，逐步提升专业发展水平。

中学教师专业标准（试行）

中学要将《专业标准》作为教师管理的重要依据。制定中学教师专业发展规划，注重教师职业理想与职业道德教育，增强教师育人的责任感与使命感；开展校本研修，促进教师专业发展；完善教师岗位职责和考核评价制度，健全中学教师绩效管理机制。

中学教师要将《专业标准》作为自身专业发展的基本依据。制定自我专业发展规划，爱岗敬业，增强专业发展自觉性；大胆开展教育教学实践，不断创新；积极进行自我评价，主动参加教师培训和自主研修，逐步提升专业发展水平。

——以上见《教育部关于印发〈幼儿园教师专业标准（试行）〉〈小学教师专业标准（试行）〉和〈中学教师专业标准（试行）〉的通知》（教师〔2012〕1号），2012年2月10日

实施特殊教育的学校（机构）要将本标准作为教师管理的重要依据。制订特殊教育教师专业发展规划，注重教师职业理想与职业道德教育，增强教师教书育人的责任感与使命感；开展校本研修，促进教师专业发展；完善教师岗位职责和考核评价制度，健全特殊教育教师绩效管理机制。

——以上见《教育部关于印发〈特殊教育教师专业标准（试行）〉的通知》（教师〔2015〕7号），2015年8月21日

班主任是义务教育学校教育教学工作中的重要岗位。班主任的工作任务应作为教师教学工作量的重要组成部分，要鼓励教师尤其是优秀骨干教师积极主动承担班主任工作。

要强化对班主任工作的考核，重点考核其对学生的教育引导、班级管理、组织班集体和团队活动、关注每个学生全面发展的情况。

绩效考核工作一般由学校按规定的程序与年度考核结合进行，可采取定性与定量相结合，教师自评与学科组评议、年级组评议、考核组评议相结合，形成性评价和阶段性评价相结合等方法，同时适当听取学生、家长及社区的意见。要充分发挥校长、教师和学校在绩效考核中的作用。

要不断完善绩效考核载体。可采取指标要素测评、业务知识测试、建立教师发展档案、开展争先创优活动等多种形式，完善教师绩效考核载体，通过多种形式，全面反映教师的业绩和贡献。

对履行了岗位职责、完成了学校规定的教育教学工作任务的教师，全额发放基础性绩效工资；对有突出表现或做出突出贡献的教师，视不同情况发放奖励性绩效工资。要根据绩效考核结果，合理确定奖励性绩效工资分配等次，坚持向骨干教师和做出突出成绩的教师倾斜，适当拉开分配差距。

绩效考核结果要作为绩效工资分配的主要依据。

绩效考核结果也要作为教师资格认定、岗位聘任、职务晋升、培养培训、表彰奖励等工作的重要依据。

——以上见《教育部关于做好义务教育学校教师绩效考核工作的指导意见》（教人〔2008〕15 号），2008 年 12 月 31 日

名言链接

一个大学之所以为大学，全在于有没有好教授。孟子说："所谓故国者，非谓有乔木之谓也，有世臣之谓也。"我现在可以仿照说："所谓大学者，非谓有大楼之谓也，有大师之谓也。"

——梅贻琦

进一步建立和完善本行政区域内长期稳定的"校对校"对口支援关系，鼓励和支持城镇办学水平高的中小学与农村学校建立办学共同体，通过"结对子"、"手拉手"等多种有效形式，促进优质教育资源共享。

参加支教的教师，只转临时组织关系，人事关系和原单位工资福利待遇不变，工龄、教龄和教师职务任职年限连续计算，生活费和交通费补贴要有专项经费予以保障。选派到农村学校支教的高校毕业生支教期间的待遇按照中办发〔2005〕18号文件规定执行。城镇中小学教师和高校新聘青年教师支教期限应不少于一年。

支教人员在支教期间的工作实绩作为教师评优、晋升教师职务、评选特级教师、获得科研资助的重要依据。

——以上见《教育部关于大力推进城镇教师支援农村教育工作的意见》（教人〔2006〕2号），2006年2月26日

将项目实施与教育对口援疆、援藏、援青计划，东西部扶贫协作，城镇教师支持农村教育工作，中小学和幼儿教师国家

级培训计划、职业院校教师素质提高计划等有机结合起来，统筹安排实施。

——以上见《教育部等五部门关于印发〈边远贫困地区、边疆民族地区和革命老区人才支持计划教师专项计划实施方案〉的通知》(教民〔2012〕6号)，2012年11月27日

城镇学校、优质学校每学年教师交流轮岗的比例不低于符合交流条件教师总数的10%，其中骨干教师交流轮岗应不低于交流总数的20%。对于教师每次参加交流轮岗的具体年限由各地根据实际情况确定。教师在农村学校、薄弱学校连续任教时间可根据工作需要予以延长。

在职务（职称）评聘工作中，要将教师到农村学校、薄弱学校任教1年以上的工作经历作为申报评审高级教师职务（职称）和特级教师的必备条件。在乡村学校任教3年以上（含城镇学校交流、支教教师）、经考核表现突出并符合具体评价标准条件的教师，同等条件下优先评聘。

——以上见《教育部 财政部 人力资源和社会保障部关于推进县（区）域内义务教育学校校长教师交流轮岗的意见》(教师〔2014〕4号)，2014年8月13日

中小学教师可将农村留守儿童、城市随迁子女、困难家庭学生、残疾和学习有困难学生，以及薄弱地区教师等作为主要服务对象，积极开展免费学习辅导、巡回支教、课前课后或假期义务值守、儿童安全知识宣讲、城市教师对口帮扶农村教师等形式多

样的志愿服务活动。

将教师短期志愿服务与长期志愿服务统一起来，学校可在接受志愿服务的地区或单位建立长期交流合作的志愿服务基地，通过系统持久的志愿服务，使教师深入基层、深入一线，增强社会责任感，使志愿服务成为教师成长的新途径。

——以上见《教育部关于教师参与志愿服务活动的指导意见》（教师〔2014〕9号），2014年9月25日

名言链接

教师要使自己的教育活动真正有益于学生，有益于教学质量的提高，教师之间就要团结合作，互相配合。

——叶圣陶

学校制定具体的实施细则。师德考核应充分尊重教师主体地位，符合教师职业性质，促进教师专业发展；坚持公平、公正、公开原则；采取教师个人自评、家长和学生参与测评、考核工作小组综合评定等多种方式进行。考核结果一般分为优秀、合格、基本合格、不合格四个等次。考核结果公示后存入师德考核档案并报学校主管部门备案。师德考核不合格者年度考核应评定为不合格，并在教师资格定期注册、职务（职称）评审、岗位聘用、评优奖励和特级教师评选等环节实行一票否决。

中小学校要把师德建设摆在教师工作首位，贯穿于管理工作全过程。中小学校长要亲自抓师德建设。学校基层党组织、广大党员教师要充分发挥政治核心和先锋模范作用。学校教代会和群

团组织紧密配合，形成加强和推进师德建设合力。

——以上见《教育部关于建立健全中小学师德建设长效机制的意见》（教师〔2013〕10号），2013年9月2日

本办法所称处分包括警告、记过、降低专业技术职务等级、撤销专业技术职务或者行政职务、开除或者解除聘用合同。其中，警告期限为6个月，记过期限为12个月，降低专业技术职务等级、撤销专业技术职务或者行政职务期限为24个月。

教师有下列行为之一的，视情节轻重分别给予相应处分：

（一）在教育教学活动中有违背党和国家方针政策言行的；

（二）在教育教学活动中遇突发事件时，不履行保护学生人身安全职责的；

（三）在教育教学活动和学生管理、评价中不公平公正对待学生，产生明显负面影响的；

（四）在招生、考试、考核评价、职务评审、教研科研中弄虚作假、营私舞弊的；

（五）体罚学生的和以侮辱、歧视等方式变相体罚学生，造成学生身心伤害的；

（六）对学生实施性骚扰或者与学生发生不正当关系的；

（七）索要或者违反规定收受家长、学生财物的；

（八）组织或者参与针对学生的经营性活动，或者强制学生订购教辅资料、报刊等谋取利益的；

（九）组织、要求学生参加校内外有偿补课，或者组织、参与校外培训机构对学生有偿补课的；

（十）其他严重违反职业道德的行为应当给予相应处分的。

学校及学校主管教育部门发现教师可能存在第四条列举行为[①]的，应当及时组织调查，核实有关事实。作出处理决定前，应当听取教师的陈述和申辩，听取学生、其他教师、家长委员会或者家长代表意见，并告知教师有要求举行听证的权利。对于拟给予降低专业技术职务等级以上的处分，教师要求听证的，拟作出处理决定的部门应当组织听证。

给予教师处分按照以下权限决定：

（一）警告和记过处分，公办学校教师由所在学校提出建议，学校主管教育部门决定。民办学校教师由所在学校决定，报主管教育部门备案。

（二）降低专业技术职务等级、撤销专业技术职务或者行政职务处分，由教师所在学校提出建议，学校主管教育部门决定并报同级人事部门备案。

（三）开除处分，公办学校教师由所在学校提出建议，学校主管教育部门决定并报同级人事部门备案；民办学校教师或者未纳入人事编制管理的教师由所在学校决定并解除其聘任合同，报主管教育部门备案。

——以上见《教育部关于印发〈中小学教师违反职业道德行为处理办法〉的通知》（教师〔2014〕1号），2014年1月11日

① 即前文（一）至（十）条所列行为。——编者注

名言链接

培养全面发展的、和谐的个性的过程就在于：教育者在关心人的每一个方面、特征的完善的同时，任何时候也不要忽略人的所有各个方面和特征的和谐，都是由某种主导的、首要的东西所决定的。在这个和谐里起决定作用的、主导的成分是道德。

——苏霍姆林斯基

在加强和改进教师思想政治教育、职业理想教育、职业道德教育的同时，重视法制教育和心理健康教育。加强学风和学术规范教育。建立和完善各级各类学校德育工作者培训制度。对学校班主任、辅导员等德育工作者进行师德教育专题培训。建立和完善新教师岗前师德教育制度。

每年教师节组织师德主题教育活动，以庆祝教师节和表彰优秀教师为契机，集中开展师德宣传教育活动；在三年一次全国性的教师和教育工作者表彰奖励中，表彰师德标兵、优秀班主任、辅导员、德育工作者和德育工作先进集体。

建立师德考评制度，将师德表现作为教师年度考核、职务聘任、派出进修和评优奖励等的重要依据。

建立师德建设工作评估制度，构建科学有效的师德建设工作监督评估体系。

——以上见《教育部关于进一步加强和改进师德建设的意见》（教师〔2005〕1 号），2005 年 1 月 13 日

一、爱国守法。热爱祖国，热爱人民，拥护中国共产党领导，拥护社会主义。全面贯彻国家教育方针，自觉遵守教育法律法规，依法履行教师职责权利。不得有违背党和国家方针政策的言行。

二、爱岗敬业。忠诚于人民教育事业，志存高远，勤恳敬业，甘为人梯，乐于奉献。对工作高度负责，认真备课上课，认真批改作业，认真辅导学生。不得敷衍塞责。

三、关爱学生。关心爱护全体学生，尊重学生人格，平等公正对待学生。对学生严慈相济，做学生良师益友。保护学生安全，关心学生健康，维护学生权益。不讽刺、挖苦、歧视学生，不体罚或变相体罚学生。

四、教书育人。遵循教育规律，实施素质教育。循循善诱，诲人不倦，因材施教。培养学生良好品行，激发学生创新精神，促进学生全面发展。不以分数作为评价学生的唯一标准。

五、为人师表。坚守高尚情操，知荣明耻，严于律己，以身作则。衣着得体，语言规范，举止文明。关心集体，团结协作，尊重同事，尊重家长。作风正派，廉洁奉公。自觉抵制有偿家教，不利用职务之便谋取私利。

六、终身学习。崇尚科学精神，树立终身学习理念，拓宽知识视野，更新知识结构。潜心钻研业务，勇于探索创新，不断提高专业素养和教育教学水平。

——以上见《教育部 中国教科文卫体工会全国委员会关于重新修订和印发〈中小学教师职业道德规范〉的通知》（教师〔2008〕2号），2008年9月1日中小学校领导要带头执行规定，坚决杜绝学校组织或参与有偿补课行为，并加强对教师从教行为的管理。积极构建学校、教师、学生、家长及社会广泛参与的监督体系，畅通和公开举报渠道，主动接受社会监督。

一、严禁中小学校组织、要求学生参加有偿补课；

二、严禁中小学校与校外培训机构联合进行有偿补课；

三、严禁中小学校为校外培训机构有偿补课提供教育教学设施或学生信息；

四、严禁在职中小学教师组织、推荐和诱导学生参加校内外有偿补课；

五、严禁在职中小学教师参加校外培训机构或由其他教师、家长、家长委员会等组织的有偿补课；

六、严禁在职中小学教师为校外培训机构和他人介绍生源、提供相关信息。

对于违反上述规定的中小学校，视情节轻重，相应给予通报批评、取消评奖资格、撤消荣誉称号等处罚，并追究学校领导责任及相关部门的监管责任。对于违反上述规定的在职中小学教师，视情节轻重，分别给予批评教育、诫勉谈话、责令检查、通报批评直至相应的行政处分。

——以上见《教育部关于印发〈严禁中小学校和在职中小学教师有偿补课的规定〉的通知》（教师〔2015〕5号），2015年6月29日

名言链接

教师对自己从事的教学工作抱什么态度，对掌握业务专门知识抱什么态度，这也是师德问题。现在，有的教师对自己所教的那门功课不大懂，今天听别人讲，自己没有好好领会，明天就去教学生，这样讲课不会给学生太多的益处。教师应该通过自己的讲课，在理解知识和掌握学习上给学生实际的益处。

——叶圣陶

实行五年一周期不少于360学时的教师全员培训制度，推行教师培训学分制度。

城镇中小学教师在评聘高级职务（职称）时，要有一年以上在农村学校或薄弱学校任教经历。

建立健全教育、宣传、考核、监督与奖惩相结合的师德建设工作机制。开展各种形式的师德教育，把教师职业理想、职业道德、学术规范以及心理健康教育融入职前培养、准入、职后培训和管理的全过程。研究制定科学合理的师德考评方式，完善师德考评制度，将师德建设作为学校工作考核和办学质量评估的重要指标，把师德表现作为教师资格定期注册、业绩考核、职称评审、岗位聘用、评优奖励的首要内容，对教师实行师德表现一票否决制。

修订《教师资格条例》，提高教师任职学历标准、品行和教育教学能力要求。全面实施教师资格考试和定期注册制度。

根据分类推进事业单位改革的总体部署，按照按需设岗、竞聘上岗、按岗聘用、合同管理的原则，完善以合同管理为基础的用人制度，实现教师职务（职称）评审与岗位聘用的有机结合，完善教师退出机制。

——以上见《国务院关于加强教师队伍建设的意见》（国发〔2012〕41号），2012年8月20日

中小学校要制订校本研修规划，有针对性地设计校本研修项目、开发校本研修课程，着力解决教师日常教育教学问题，促进教师自主发展。

中小学校按相关要求定期申报教师培训学分，市县级教育行政部门按年度进行审核，并将结果反馈教师所在中小学校。

严格落实教师培训学分作为教师资格定期注册必备条件，每个注册有效期内，教师须完成省级教育行政部门规定的培训学分，方能注册合格。将教师培训学分作为教师职称评聘、绩效考核、评优评先的必备条件。将教师培训学分管理纳入学校办学水平评估、校长考评和县级教育督导的指标体质。

学校要科学规范地开展教师培训学分申报与管理，真实有效反馈教师培训学习成效。

——以上见《教育部关于大力推行中小学教师培训学分管理的指导意见》（教师〔2016〕12号），2016年12月13日

重点鼓励支持45岁以下中小学教师通过在职学习、脱产进修、远程教育、自学考试、攻读教育硕士等多种学习途径提高学历水平，特别是对专科学历以下小学教师进行学历提高

教育。

中小学校要按照国家有关规定，有计划地安排教师参加培训，严格执行教师培训学分登记制度，为教师学习进修提供支持和帮助。

——以上见《教育部关于大力加强中小学教师培训工作的意见》（教师〔2011〕1号），2011年1月4日

示范性集中培训项目的培训对象为全国中小学和幼儿园骨干教师、骨干班主任教师及骨干教师培训者等。

置换脱产研修对象为农村义务教育阶段具有良好发展潜力的中青年骨干教师，年龄原则上不超过45岁。

示范性集中培训项目的参训教师原则上应具备高级职务，年龄一般不超过50岁。

——以上见《教育部办公厅 财政部办公厅关于印发〈“国培计划”示范性集中培训项目管理办法〉等三个文件的通知》（教师厅〔2013〕1号），2013年1月29日

中小学教师培训要以实施好基础教育新课程为主要内容，以满足教师专业发展个性化需求为工作目标，引领教师专业成长。

——以上见《教育部关于深化中小学教师培训模式改革全面提升培训质量的指导意见》（教师〔2013〕6号），2013年5月6日

要重点加强中小学教师的法制教育，突出未成年人权益保护法律法规的学习宣传，切实增强教师尊重学生、爱护学生、平等对待学生的意识，提高依法维护学生权益和抵制侵害学生行为的能力。

中小学校要通过专题培训、法制报告会、研讨会等多种方式，确保每位教师每年接受不少于10课时的法制培训。教师要主动学法、自觉用法，履行教书育人义务，维护学生合法权益，制止有害于学生的行为或者其他侵犯学生合法权益的行为，批评和制止有害于学生健康成长的现象；依法规范自身言行，依法维护自身权益。

——以上见《教育部办公厅关于全面加强教师法制教育工作的通知》（教政法厅〔2013〕2号），2013年9月26日

依托教师网络研修社区，分学科（领域）成立教师工作坊，形成区域与校本研修良性运行机制。

——以上见《教育部 财政部关于改革实施中小学幼儿园教师国家级培训计划的通知》（教师〔2015〕10号），2015年8月25日

学校职责

（1）校长为校本研修的第一责任人。学校根据区县要求，制定校本研修规划与实施方案。

（2）完善校本研修制度，明确校内各方职责，建立激励与约束机制。

（3）依托县域教师网络研修社区，建立学校网络研修社区。

（4）建立校级培训者队伍，提升培训者组织实施网络支持下的校本研修的能力。

（5）根据培训规划和职责分工，落实培训经费。

（6）组织开展网络支持下的校本研修，参加跨校区域研修活动。

（7）做好学校资源库的建设与使用工作。

（8）做好对教师研修的过程监管和绩效评估工作。

——以上见《教育部办公厅关于印发乡村教师培训指南的通知》（教师厅〔2016〕1号），2016年1月13日

名言链接

提高教育技巧——这首先是要自己进修，付出个人的努力，来提高劳动的素养，首先是提高思想的素养。没有个人的思考，没有对自己的劳动寻根究底的研究精神，那么任何提高教学法的工作都是不可思议的。

——苏霍姆林斯基

各级各类学校要明确相关责任部门和责任人，做好本校教师管理信息化的组织保障工作。

各地教育行政部门和各级各类学校要加大教师管理信息化投入力度，要在教育管理信息化工作中统筹落实教师系统功能拓展、深入应用、运行维护等各项工作经费，落实人员培训等队伍建设经费，为推进教师管理信息化提供经费保障。

各地教育行政部门和各级各类学校要高度重视网络与教师信息安全保障工作，按照《网络安全法》等相关法律法规要求，完善安全制度，明确安全责任，建立管理与技术双重保障体系，确保信息安全和应用可靠。

——以上见《教育部关于全面推进教师管理信息化的意见》（教师〔2017〕2 号），2017 年 3 月 31 日

乡村教师评聘职称（职务）时不作外语成绩（外语教师除外）、发表论文的刚性要求，坚持育人为本、德育为先，注重师德素养，注重教育教学工作业绩，注重教育教学方法，注重教育教学一线实践经历。

整合高等学校、县级教师发展中心和中小学校优质资源，建立乡村教师校长专业发展支持服务体系。全面提升乡村教师信息技术应用能力，积极利用远程教学、数字化课程等信息技术手段，破解乡村优质教学资源不足的难题，同时建立支持学校、教师使用相关设备的激励机制并提供必要的保障经费。从 2015 年起，“国培计划”集中支持中西部地区乡村教师校长培训。

国家对在乡村学校从教 30 年以上的教师按照有关规定颁发荣誉证书。

——以上见《国务院办公厅关于印发乡村教师支持计划（2015—2020 年）的通知》（国办发〔2015〕43 号），2015 年 6 月 1 日

中小学校要将信息技术应用成效纳入教师绩效考核指标体系，促进教师在教育教学中主动应用信息技术。

中小学校要在学校公用经费中安排资金，为本校教师学习和应用信息技术创造良好条件。

——以上见《教育部关于实施全国中小学教师信息技术应用能力提升工程的意见》（教师〔2013〕13号），2013年10月25日

《能力标准》根据我国中小学校信息技术实际条件的不同、师生信息技术应用情境的差异，对教师在教育教学和专业发展中应用信息技术提出了基本要求和发展性要求。本标准根据教师教育教学工作与专业发展主线，将信息技术应用能力区分为技术素养、计划与准备、组织与管理、评估与诊断、学习与发展五个维度。

中小学校要将《能力标准》作为推动教师专业发展和教师管理的重要依据。制订教师信息技术应用能力提升规划，整合利用校内外培训资源，做好校本研修，为教师提升信息技术应用能力提供有效支持。要完善教师岗位职责和考核评价制度，推动教师在教育教学和日常工作中主动应用信息技术。

——《教育部办公厅关于印发〈中小学教师信息技术应用能力标准（试行）〉的通知》（教师厅〔2014〕3号），2014年5月27日

案例选编

1. 辽宁阜新阜蒙县阜新镇学校：一名技术能手，就撑起了整个校园网

在教育信息化中，信息化环境建设、教师队伍建设、信息技术课程的开设和现代教育技术应用缺一不可，而学科教师恰恰是其中关键一环。

身为农村学校的信息技术课教师，胡刚过去只会教学生一些信息技术的基础知识，但对校园网设备是陌生的。设备一旦出现故障，他不会维修，也不会连接网线和水晶头，更别提如何分配网络 IP 地址了。面对校园网的日常管理和维护，以及应用上的一些实际困难，胡刚老师很苦恼。

后来，胡老师参加了阜新市电化教育馆开展的新一轮创新性培训，回来后便成了一名信息技术“能手”。

阜新市专门成立信息技术学科教师实训基地，把信息技术学科教师领进实训室，定期、分层次对他们进行业务培训，让教师亲自实践，还有专业教师传帮带。同时还建立了学科专家与学员的 QQ 群和微信群，为教师搭建起了日常学习研讨的平台。

——原载于：《中国教育报》，2016 年 7 月 5 日第 11 版，有改动

2. 江苏泰州姜堰区东桥中心小学：给教师搭一架向上的梯

江苏省泰州市姜堰区东桥中心小学是个集团校，该校始终把教师发展当作品质提升、推进课程教学改革的重点工作来抓，教

师发展既有平台，又有路径。

成立教师发展学校。集团于2013年9月成立了教师发展学校，采用教师自愿报名的形式，主要利用双周六上午进行集中培训。全校2/3的老师加入了这一学习型组织。活动形式多样，包括读书沙龙、专家讲学、主题演讲、课堂展评、艺术作品赏析、才艺展示、论文写作辅导等。教师发展学校还成立了读写班，学员为学科青年骨干教师。教师发展学校要求学员每学期至少读一本理论专著，经常阅读教育教学期刊，每月组织一次读书报告会；每月撰写一篇教育教学心得或论文；在姜堰教育网或其他网络空间开通个人博客，每月至少更新一次；每半学期上一节校级以上公开课；尝试教学改革或对课程进行校本化设计；学期结束时面向全体教师组织个人成果展示活动。

广泛开展教研活动。教师发展学校不是教师专业成长的全部载体，集团还成立了跨校区学科教研组，各学科每月组织一次跨校区的教研活动，特别重视课前的磨课和课后的研讨反思。学校每学期安排三次对外互动教研，互动教研学校都在省内外有较大影响，活动采取主题性同课异构的方式；每学期还适时邀请全国著名特级教师来校与青年教师同台献艺。这些举措使青年教师开阔了眼界，感受到了名师的教学艺术，增强了发展动力。

全面开展教育科研。学校科研课题分为省规划办立项课题和校本课题两类。目前，学校有3项省级规划课题和20多项校本课题，保证了每位教师都参与课题研究，带动了所有人的理论学习。

——原载于：《人民教育》，2015年第14期，有改动

3. 湖北孝感三汊镇初中：抓好劳动教育专业师资的培训

两年来，湖北省孝感市孝南区三汊镇初级中学以劳动教育实验为载体，抓好劳动教育的课程建设、专业教师的能力提升、学生劳动意识的固化、师生劳动技能的提高。

学校把政府划拨的一块紧挨校园、面积为3300平方米的土地，分为蔬菜培植、水稻种植、鱼苗养殖三个区域。联系区职校、三汊镇苗木基地、香稻基地为校外劳动实践辅助基地。争取专项资金，建成了劳技室、手工室和数字化探究实验室。

学校开设了种植、养殖和手工等劳动课程，每年邀请区职校学生来校展演技能、才艺，每学期组织学生到校外劳动基地参观一次。全校七、八、九年级各有5个班，每天安排3个班的同学到基地参加活动，不同的季节体验不同的劳动内容。此外，每个班负责一块责任田，每个学生认养一棵植物，让他们记植物生长日记，谈劳动心得体会。

劳动教育的实施，关键在教师。学校推行三类培训：一是培训家长中的种植能手、养殖大户，注重从经验中提炼理论，让他们会说；二是培训有劳动特长的教师，加强技能温习，让他们乐教；三是培训新分配的青年教师，让他们专业。

学校在扎实开展劳动教育的过程中，转变了教师、家长、学生和社会群体的教育观念。课本中很多难以讲授、理解、掌握的知识点，学生在劳动过程中得到了理解掌握。适量的劳动并没有

影响到学生的学习成绩，反而提高了教学效果。

——原载于：《中国教育报》，2016 年 10 月 12 日第 11 版，有改动

第十二章
提升校长专业水平

本章导读

我国中小学实行校长负责制，赋予校长行政管理权力和责任。建设一支政治坚定、品德高尚、业务精湛、治校有方、人民满意的中小学校长队伍，是关系到我国中小学坚持社会主义办学方向，认真贯彻党的教育方针，培养合格的社会主义事业建设者和接班人的战略任务。近年来，教育部相继颁发了《义务教育学校校长专业标准》和《普通高中校长专业标准》，标志着我国校长队伍建设跨入了标准化管理的新阶段。广大中小学校长要准确理解、全面把握专业标准，并以此作为开展学校管理和提升自己专业水平的行为准则。要积极参加校长专业培训研修，创新办学治校实践，凝练先进教育思想，全面提高自身素质，努力办好党和人民满意的学校。

要点摘编

学校的教学及其他行政管理，由校长负责。

——《中华人民共和国教育法》（中华人民共和国主席令第45号），1995年3月18日公布，2015年12月17日修订

制定校长任职资格标准，促进校长专业化，提高校长管理水平。推行校长职级制。

创造有利条件，鼓励教师和校长在实践中大胆探索，创新教育思想、教育模式和教育方法，形成教学特色和办学风格，造就一批教育家，倡导教育家办学。

——以上见《中共中央 国务院关于印发〈国家中长期教育改革和发展规划纲要（2010—2020年）〉的通知》（中发〔2010〕12号），2010年7月8日

名言链接

如果我们选择了最能为人类福利而劳动的职业，那么，重担就不能把我们压倒，因为这是为大家而献身；那时我们所感到的就不是可怜的、有限的、自私的乐趣，我们的幸福将属于千百万人，我们的事业将默默地但是永恒发挥作用地存在下去，而面对我们的骨灰，高尚的人们将洒下热泪。

——马克思

任职条件和资格

中小学校领导人员应当具备下列基本资格：

（一）一般应当具有大学专科以上文化程度。其中，中学领导人员应当具有大学本科以上文化程度。

（二）一般应当具有一定年限的教育教学工作经历。其中，校长一般应当具有五年以上教育教学工作经历，党组织书记一般应当具有学校党务和行政岗位工作经历。

（三）一般应当具有相应的教师资格和已担任中小学一级教师以上专业技术职务。其中，高级中学校长应当已担任中小学高级教师以上专业技术职务。

（四）提任学校正职的，一般应当具有两年以上学校副职岗位任职经历或者三年以上学校中层管理工作经历；提任学校副职的，应当具有一定的教育教学管理经验。

（五）应当经过任职资格培训并取得合格证书。确因特殊情况在提任前未达到培训要求的，应当在提任后一年内完成。

（六）具有正常履行职责的身体条件。

（七）符合有关法律法规和行业主管部门规定的其他任职资格要求。

农村地区、边远贫困地区和民族地区的优秀教师直接提任中小学校领导人员，可以根据实际情况适当放宽任职资格。

选拔任用

选拔中小学校领导人员，一般采取学校内部推选、外部选派、竞争（聘）上岗、公开选拔（聘）等方式进行。

确定考察对象，应当综合考虑工作需要、人选德才条件、一贯表现、人岗相适和征求意见等情况，防止简单以票或者以分等取人偏向。

在教育教学和管理活动中贯彻执行党的教育方针不力、偏离社会主义办学方向，师德师风存在问题或者有学术不端行为受到查处，有伪造学历学位、奖励证书、档案材料等行为受到责任追究，以及具有其他有关政策规定明确限制情形的，不得作为考察对象。

任期和任期目标责任

中小学校领导人员一般应当实行任期制。

校长、副校长每个任期一般为三至六年，注意与中小学学制学段相衔接。党组织领导人员的任期，按照党内有关规定执行。

职业发展和激励保障

落实中小学校长负责制，保障学校办学自主权，支持领导人员依法依规履行职责。倡导教育家办学，鼓励领导人员在实践中大胆探索创新，形成教学特色和办学风格。

——以上见《中共中央组织部 教育部关于印发〈中小学校领导人员管理暂行办法〉的通知》（中组发〔2017〕3号），2017年1月13日

名言链接

我们必须认真办学以求对得住小朋友，对得住国家民族，毁誉之来，可不必计较。

——陶行知

规划学校发展

明确学校办学定位，履行实施义务教育的工作使命，保障适龄儿童、少年平等接受有质量的义务教育，着力保障农民工子女、残疾儿童少年、家庭经济困难学生的受教育权利。

注重学校发展的战略规划，凝聚师生智慧，建立学校发展共同目标，形成学校发展合力。

组织社区、家长、教师、学生多方参与制订学校发展规划，确立学校中长期发展目标。

落实学校发展规划，制订学年、学期工作计划，指导教职工制订具体行动方案，并提供人、财、物等条件支持。

领导课程教学

尊重教师的教学经验和智慧，积极推进教学改革与创新。

有效统筹国家、地方、学校三级课程，确保国家课程、地方课程的落实，推动校本课程的开发与实施，为学生提供丰富多样的课程教学资源。

建立听课和评课制度，深入课堂听课并对课堂教学进行指导，每学期听课不少于地方教育行政部门规定的课时数量。

引领教师成长

校长是教师专业发展的第一责任人，将学校作为教师实现专业发展的主阵地。

建立健全教师专业发展的制度，推行校本教研，完善教研训一体的机制，落实每位教师五年一周期不少于360学时的培训要求。

优化内部管理

坚持依法治校，自觉接受师生员工和社会的监督。

把握国家相关政策对校长的职责定位和工作要求。

形成学校领导班子的凝聚力，认真听取党组织对学校重大决策的意见，充分发挥党组织的政治核心作用。

尊重和支持教职工代表大会参与学校管理的民主权利，定期向教职工代表大会报告工作，实行校务会议等管理制度。

建立健全学校人事、财务、资产管理等规章制度，提高学校管理规范化水平。

努力打造平安校园，建立和完善学校各种应急管理机制，定期实施安全演练，正确应对和妥善处置学校突发事件。

调适外部环境

建立健全家校合作育人机制，建立教师家访制度，通过家长学校、家长会、家长开放日等形式，指导和帮助家长了解学校工作情况和学生身心发展特点，掌握科学育人方法。

实施要求

义务教育学校校长要将本标准作为自身专业发展的基本准则。制定自我专业发展规划，爱岗敬业，增强专业发展自觉性；大胆开展学校管理实践，不断创新；积极进行自我评价，主动参加校长培训和自主研修，不断提升专业发展水平，努力成为教育教学和学校管理专家。

——以上见《教育部关于印发〈义务教育学校校长专业标准〉的通知》（教师〔2013〕3号），2013年2月4日

名言链接

领导学校，首先是教育思想上的领导，其次才是行政上的领导。

——苏霍姆林斯基

规划学校发展

正确理解普通高中教育的责任与使命，明确学校的办学定位。注重培养学生自主学习、自强自立和适应社会的能力，全面提高普通高中学生综合素质。

注重学校发展的战略规划，在充分参与中凝聚师生智慧，建立共同发展愿景，明确学校发展目标，形成学校发展合力。

选择确定学校发展的关键措施，分解落实到学年、学期工作计划，指导师生员工制定具体行动方案，提供人、财、物等条件支持并组织实施。

营造育人文化

将立德树人作为普通高中教育的根本任务，把德育工作摆在素质教育的首要位置，全面加强学校德育体系建设。

领导课程教学

重视课程的多样性和选择性，增强学生学习的自主性，丰富学生的学习经验，注重学思结合、知行统一、因材施教，促进学生个性健康发展。

落实国家课程方案和标准，统筹国家、地方、学校三级课程，创建具有本校特色的学校课程体系，开设多种形态、适应学生发展需要的选修课，为学生提供丰富多样的学习资源。

开齐、开足国家规定的各类必修和相关选修课程，确保体育、艺术、技术、综合实践活动等课程的实施，加强法治教育，关注学生心理健康和青春期教育，合理安排作业，不得违规补课和增加课时，切实减轻学生过重的课业负担。建立健全学生体质健康监测机制，确保学生每天一小时校园体育活动。

建立健全课程教学管理制度和教学质量测评、分析与改进机制，定期深入课堂听课，并对课堂教学进行指导，每学期听评课不少于地方教育行政部门规定的课时数量。

引领教师成长

校长是教师专业发展的引领者和第一责任人，将学校作为教师实现专业发展的精神家园。

建立健全教师专业发展制度，针对教学实际问题，开展教学研究与培训，构建教研训一体的机制，落实每位教师五年一周期不少于360学时的培训要求。

关爱教师身心健康，维护和保障教师合法权益和待遇，建立优教优酬的激励机制。

优化内部管理

尊重和支持教职工代表大会参与学校管理的民主权利，定期向教职工代表大会报告工作，实行校务会议、校务公开等管理制度。鼓励师生员工参与学校管理。

健全学校人事、财务、资产管理等管理制度，将信息化手段引入学校管理，提高学校管理的专业化水平。不得违反国家规定收取费用，不得以向学生推销或者变相推销商品、服务等方式谋取利益。

努力建设平安校园，建立和完善学校各种应急管理机制，定期实施安全演练，排查安全隐患，正确应对和妥善处置学校突发事件。

实施意见

普通高中校长要将本标准作为自身专业发展的基本准则。制订自我专业发展规划，爱岗敬业，增强专业发展自觉性；大胆开展学校管理实践，不断创新；积极进行自我评价，主动参加校长培训和自主研修，不断提升专业发展水平，努力成为教育教学和学校管理专家。

——以上见《教育部关于印发〈普通高中校长专业标准〉〈中等职业学校校长专业标准〉〈幼儿园园长专业标准〉的通知》之《普通高中校长专业标准》（教师〔2015〕2号），2015年1月10日

名言链接

教育欲试验新法，于事前有必须遵守的条件：第一，于学理上必须有精深的研究、讨论；第二，于实际状况必须考虑周到，务求适宜；第三，必须经过虚心静气的会议协商；第四，应用的工具必须设备充足；第五，试验的动机须纯粹地为儿童求实益，决不是替学校博虚誉，更不是为教员个人出风头。

——林砺儒

各地要有计划地面向全体中小学校长开展任职资格培训、提

高培训、高级研修和专题培训。重点加强农村地区、集中连片特殊困难地区、民族地区校长培训，加大薄弱学校校长培训力度。

各地要全面推行需求调研，针对不同层次、类别、岗位校长的需求，围绕校长在规划学校发展、营造育人文化、领导课程教学、引领教师成长、优化内部管理和调适外部环境等方面的专业素质要求，丰富优化培训内容。

任职资格培训重点提升校长依法治校能力。提高培训重点提升校长实施素质教育能力。高级研修重点提升校长战略思维能力、教育创新能力和引领学校可持续发展能力。

各地要严格执行新任校长持证上岗制度，新任校长或拟任校长必须参加不少于300学时的任职资格培训。实行5年一周期不少于360学时的在任校长全员培训制度。

建立培训与使用相结合制度，把完成培训学分（学时）和培训考核情况作为校长考核、任用、晋级的必备条件和重要依据。

各地要积极探索校长自主选学机制，建设菜单式、信息化的选学服务平台，为校长提供多样化、个性化的选择机会。

——以上见《教育部关于进一步加强中小学校长培训工作的意见》（教师〔2013〕11号），2013年8月29日

鼓励有条件的地方，探索将一般性教学辅助和工勤岗位不再纳入编制管理范围，并相应适当降低教职工编制核定标准。

进一步完善中小学教职工编制动态管理机制，根据学校布局结构调整、不同学段学生规模变化等情况进行动态调整，提高编

制使用效益。探索教职工编制管理与人事管理相结合，促进县域内的教师交流轮岗和均衡优化配置。

重点对学生规模较小的村小、教学点，按照教职工与学生比例和教职工与班级比例相结合的方式核定教职工编制。

要按照中央改进政府提供公共服务方式、加大购买服务力度有关要求，继续深化中小学校后勤服务社会化改革，逐步压缩非教学人员编制。

——以上见《中央编办 教育部 财政部关于统一城乡中小学教职工编制标准的通知》（中央编办发〔2014〕72 号），2014 年 11 月 13 日

校长教师交流轮岗是加强农村学校、薄弱学校校长教师补充配备，破解择校难题，促进教育公平，推进义务教育均衡发展的重要举措。重点引导优秀校长和骨干教师向农村学校、薄弱学校流动。

校长交流轮岗的人员范围为义务教育阶段公办学校校长、副校长。校长、副校长在同一所学校连续任满两届后，原则上应交流。

校长教师交流轮岗可采取定期交流、跨校竞聘、学区一体化管理、学校联盟、名校办分校、集团化办学、对口支援、乡镇中心学校教师走教等多种途径和方式。

优先任（聘）用具有农村学校或薄弱学校管理岗位任职经历的人员担任校长。

——以上见《教育部 财政部 人力资源和社会保障部〈关于

推进县（区）域内义务教育学校校长教师交流轮岗的意见〉的通知》（教师〔2014〕4号），2014年8月13日

加强中小学校长队伍建设，努力造就一支政治过硬、品德高尚、业务精湛、治校有方的校长队伍。面向全体中小学校长，加大培训力度，提升校长办学治校能力，打造高品质学校。实施校长国培计划，重点开展乡村中小学骨干校长培训和名校长研修。支持教师和校长大胆探索，创新教育思想、教育模式、教育方法，形成教学特色和办学风格，营造教育家脱颖而出的制度环境。

推行中小学校长职级制改革，拓展职业发展空间，促进校长队伍专业化建设。加强中小学校长考核评价，督促提高素质能力，完善优胜劣汰机制。

实行中小学校长职级制的地区，根据实际实施相应的校长收入分配办法。

——以上见《中共中央 国务院关于全面深化新时代教师队伍建设改革的意见》（新华社2018年1月31日受权发布），2018年1月20日

案例选编

1. 浙江宁波达敏学校校长刘佳芬：恒爱如春的特教承诺

达敏学校是宁波市最早的一所全日制智障学生学校。校长刘佳芬的特殊教育实践经验为我们提供了一个具有中国特色的、保护受教者权益的特殊教育的“学校样本”。

一切为了智障学生的生存与发展，开展“生涯教育”。为关注学生的一生，提高学生的生活质量，学校开展“生涯教育”，针对重度、中度、轻度三个层次的学生，分别提出生活自理、适应社会、自食其力的目标，逐渐形成了“学校课堂与社区课堂相结合”的教学模式和“知能整合，知行合一”的达敏教学理论。

改革创新，走内涵发展之路。为打造达敏学校的品牌，刘佳芬提出“生态的课程，开放的教学，爱心的教师，快乐的学生，平安的校园”的建设目标，以校本教研、校本培训为主渠道，建设一支具有较高专业素质和无私奉献精神的教师队伍，逐步锻造“敬业博爱通达敏慧”的达敏精神，形成“恒爱如春”的校园文化。

开创国内外先河，打造特殊教育品牌。多年来，刘佳芬扎实地开展融合教育，让智障人士融入社会，实现社区融合，在全国同类教育中最早设立“智障教育服务热线”，首创“达敏学校教育协作理事会”平台，构建全社会支持特殊教育的社会支持系统。在全市率先创建“海曙区支持性教育资源中心”，运用支持性教育理念，为有特殊教育需要的学生提供最适度的支持，营造最少障碍的教育环境。

——摘编自：2011 年全国教书育人楷模材料

2. 西藏日喀则地区仲巴县仁多乡完小校长普琼：扎根在“生命禁区”的讲台上

仲巴县地处西藏自治区日喀则地区最西端，仁多乡则位于仲巴县最北部，平均海拔 5000 米以上，是仲巴县气候最恶劣的乡镇，也是距离县城最远的乡——距县城 470 公里。提起仁多乡，不少人都不愿意到那里工作。而普琼自到仲巴后，凭着对学生无限的爱，十几年如一日坚守在仁多乡完全小学的教学一线上。他以校为家，公而忘私，任劳任怨，恪尽职守，甘于奉献。

仁多乡完小作为全县距离县城最远、覆盖范围最广的一个学校，其控辍保学的难度无疑是全县最大的。为了“一个都不能少”的目标，普琼带头实行 24 小时值班制度，经常半夜起来查看学生宿舍，多次独自外出追回辍学学生。正是靠着这种精神，仁多乡这个本来控辍保学难度最大的乡，如今已经是全县学生到位情况最好、巩固率最高的乡。

教育教学管理方面，他坚持“从实际着手，用管理办学，以质量取胜”的原则，带领广大教职工积极开展教学改革。在全县范围内率先建立健全了教学奖惩制度、严格的教职工考勤制度、适合牧区学校的辍学生追回制度以及完善的后勤和三包管理制度。2008 年、2009 年、2010 年连续三年仁多乡完小被中共仲巴县委、县政府评为教学管理先进学校。

——摘编自：2010 年全国教书育人楷模材料

3. 贵州六盘水响水中学校长左相平：扎根山区从教 38 年的苦与乐

从一个 14 岁的边远山村的夜校扫盲教师起，左相平在云贵两省交界的海拔 2300 多米的贫困山区，从教 38 个春秋，先后教过 12800 多名学生。

童子教书，播下一生从教的种子。教书是左相平最崇拜的职业。他舍不得学生，喜欢讲台，离不开学校，放弃了三次改行的机会。1975 年，贵州省六盘水市盘县上寨村在破庙里办起了上寨小学，16 岁的他被聘为月薪 10 元的正式民办教师。后来他刻苦自学，1979 年参加升学考试，成为周边几十里村寨唯一被盘县特区师范录取的考生。之后他自学取得大学本科文凭。这些刻苦求学深造的经历，为他成长为一名优秀教师打下了扎实的知识基础。

走村串寨，不让一个山区学生辍学。1982 年，他当上高山小学校长，办校的重任落在身上。他利用周末和假期，带上手电筒翻山越岭到十多个村寨家访，使 56 个农忙季节流失的学生回到学校，尤其是让 13 名长期辍学的学生重返校园。他还通过联系社会人士捐助和自己资助的方式帮助特困生解决就读困难。

改革创新，努力办好人民满意的学校。2001 年，左相平被调到响水中学任校长。到任后他大胆改革，引入竞争机制，实行分组教学、分组管理，制定了切实可行的管理制度，对教师实行严格考核，加强教师队伍建设。2003 年到 2010 年的 8 年中，响水中学教育教学质量直线上升，连续 8 年中考录取人数均为盘县当年第一名。

——摘编自：2011 年全国教书育人楷模材料

4. 山东枣庄共青希望学校校长陆繁伟：山区教育的“领跑人”

23 个春夏秋冬、208 座山头翻越、2400 次家访、46 本教学日记、82000 元捐款，陆繁伟怀着对教师这份崇高职业的热爱，在贫穷的山沟沟里给孩子们营造了知识的温房。

勤学，练就献身教育的本领。从教 23 年来，陆繁伟虚心学习教育知识，不断钻研教学教法。为了给自己充电，他自学进修了专科、本科文凭，参加省市级骨干教师培训；为了教好孩子，他多次牺牲休息时间，到枣庄、临沂、莱芜等地拜名师，求帮助。

苦干，树立农村学校的一面旗帜。在山东省枣庄市山亭区徐庄镇崔虎峪村小学任教时，教室因暴雨损害，他把准备结婚的新房腾出来给孩子们上课，解了燃眉之急。后来，崔虎峪村利用村西废弃坑塘重建学校，陆繁伟主动接下平整场地的任务。在他的带动下，枣庄市山区农村有了第一座教学楼。2009 年，陆繁伟来到徐庄镇共青希望学校担任校长，他带领教师用水泥修补楼顶，提升教学条件。针对农村山石土木随处都是的实际，他因地制宜，就地取材，创造性地开设“奇石搜集与审美”和“彩泥画研究”等特色课程。

关爱，注重留守儿童的健康成长。徐庄镇作为沂蒙山区的贫困乡镇，外出务工经商的村民较多，造就了“留守儿童”这一特殊群体。为了这些孩子的健康成长，陆繁伟充分发挥镇驻地学校的作用，以枣庄共青希望学校为依托，创建徐庄镇乡村少年宫，对全镇留守儿童进行集中管理。之后，发动全镇12所完全小学全部成立了留守儿童关爱站，建立健全了镇域留守儿童关爱体系。

——摘编自：2014年全国教书育人楷模材料

5. 广西都安高中校长莫振高：瑶山孩子的圆梦人

20世纪90年代末，莫振高走马上任。由于学校师资紧缺，他一边承担全校的教育管理，一边承担毕业班三个班的语文课。他主教语文，年年带高三毕业班。所带班级没有因为行政事务多而影响教学质量，他的课都受到学生们的热捧。

为了让贫困生在艰难的岁月得到帮助、获得温暖、顺利完成学业，他把爱心、把真情献给了所有的贫困生。30多年来，莫振高从一名普通老师、到担任班主任、学校的团委书记，直到现在担任了校长，他一直用自己微薄的工资资助贫困生，资金已达5万多元，来自偏远山区的280多位家庭经济困难的同学先后得到他的资助而完成了学业。

担任校长后，他更为全校的贫困生操碎了心。每一年，他带领学校领导班子、全体班主任带头为贫困生募捐，也呼吁社会慈善机构、著名企业、友好人士为贫困生捐助。近10年来，莫老师先后筹集到3000多万元善款，资助18000多名贫困生完成学业圆了大学梦，实现了他让所有的贫困生“进得来，学得好，考得上，出得去，成得才”的目标，学校也成为全国“圆梦—

梦圆”的发祥学校。

多年来，他放弃了沿海发达城市知名学校的多次高薪聘请，把全部精力和智慧献给了学生，把所有真情与爱心献给了学生。在他的带领下，都安高中的教学质量稳步提升，学校被评为全国教育系统先进集体，广西示范性高中，全国语文、数学、英语教学先进集体。

——摘编自：2011 年全国教书育人楷模材料

第十三章
加强学校党建工作

本章导读

中小学校是党的基层组织建设的重要领域。加强中小学校党建工作，是促进中小学校健康发展、办好人民满意教育的根本保证，是培养社会主义建设者和接班人的迫切需要，是推动全面从严治党向基层延伸、巩固党的执政基础的内在要求。中央组织部、教育部党组《关于加强中小学校党的建设工作的意见》是中央对中小学校党建工作作出专门部署的首个指导性文件，中小学校要认真贯彻落实。中小学校长要高度重视学校党建工作，明确党组织的基本职责，发挥好党组织的战斗堡垒作用，积极推动工会、共青团、少先队工作，促进学校健康发展。

要点摘编

加强基层组织建设。党的基层组织是确保党的路线方针政策和决策部署贯彻落实的基础。要以提升组织力为重点，突出政治功能，把企业、农村、机关、学校、科研院所、街道社区、社会组织等基层党组织建设成为宣传党的主张、贯彻党的决定、领导基层治理、团结动员群众、推动改革发展的坚强战斗堡垒。党支部要担负好直接教育党员、管理党员、监督党员和组织群众、宣传群众、凝聚群众、服务群众的职责，引导广大党员发挥先锋模范作用。坚持"三会一课"制度，推进党的基层组织设置和活动方式创新，加强基层党组织带头人队伍建设，扩大基层党组织覆盖面，着力解决一些基层党组织弱化、虚化、边缘化问题。扩大党内基层民主，推进党务公开，畅通党员参与党内事务、监督党的组织和干部、向上级党组织提出意见和建议的渠道。注重从产业工人、青年农民、高知识群体中和在非公有制经济组织、社会组织中发展党员。加强党内激励关怀帮扶。增强党员教育管理针对性和有效性，稳妥有序开展不合格党员组织处置工作。

——以上见《决胜全面建成小康社会 夺取新时代中国特色社会主义伟大胜利》（习近平在中国共产党第十九次全国代表大会上的报告），2017 年 10 月 18 日

把教育系统党组织建设成为学习型党组织。深入学习马克思列宁主义、毛泽东思想、邓小平理论、"三个代表"重要思想以及科学发展观，坚持用发展着的马克思主义武装党员干部、教育

广大师生。深入推动中国特色社会主义理论体系进教材、进课堂、进头脑。深入开展社会主义核心价值体系学习教育。

健全各级各类学校党的组织。把全面贯彻党的教育方针、培养社会主义建设者和接班人贯穿学校党组织活动始终，坚持社会主义办学方向，牢牢把握党对学校意识形态工作的主导权。中小学党组织要充分发挥在学校工作中的政治核心作用。加强民办学校党的建设，积极探索党组织发挥作用的途径和方法。

加强学校领导班子和领导干部队伍建设，不断提高思想政治素质和办学治校能力。坚持德才兼备、以德为先用人标准，选拔任用学校领导干部。加大学校领导干部培养培训和交流任职力度。

着力扩大党组织的覆盖面，推进工作创新，增强生机活力。充分发挥学校基层党组织战斗堡垒作用和党员先锋模范作用。加强在优秀青年教师、优秀学生中发展党员工作。重视学校共青团、少先队工作。

——以上见《中共中央 国务院关于印发〈国家中长期教育改革和发展规划纲要（2010—2020 年）〉的通知》（中发〔2010〕12 号），2010 年 7 月 8 日

充分发挥中小学校党组织的核心作用

中小学校党组织是党在学校中全部工作和战斗力的基础，发挥政治核心作用，全面负责学校党的思想、组织、作风、反腐倡廉和制度建设，把握学校发展方向，参与决定重大问题并监督实施，支持和保证校长依法行使职权，领导学校德育和思想政治工

作，培育和践行社会主义核心价值观，维护各方合法权益，推动学校健康发展。

（1）全面贯彻执行党的理论和路线方针政策，贯彻执行党的教育方针，引导监督学校遵守国家法律法规，依法治校、规范管理，确保正确办学方向。

（2）参与讨论决定学校发展规划、重要改革、财务预决算和教学科研、招生录取、基本建设等方面的重大事项，以及涉及师生员工切身利益的重要问题。

（3）坚持党管干部原则，在选人用人中发挥主导作用，负责学校内设机构负责人的教育培养和选拔任用，协助上级党组织做好学校领导人员的教育管理监督等工作。

（4）坚持党管人才原则，参与讨论决定人才工作政策措施，会同有关方面做好各类人才培养、引进、使用、管理、服务和奖惩工作，对教职工聘用考评、职称评审等提出意见。

（5）坚持立德树人、德育为先，做好思想政治工作和意识形态工作，开展社会主义核心价值观教育，加强学校文化和精神文明建设，推动形成良好校风教风学风。

（6）完善学校党组织设置和工作机制，创建学习型服务型创新型党组织，扩大党内基层民主，严格党内组织生活，做好发展党员和党员教育管理服务工作。

（7）领导学校党的纪律检查工作，落实党风廉政建设责任制，严格执行《中国共产党廉洁自律准则》《中国共产党纪律处分条例》等规定，加强对违纪违法问题的预防、监督和查处。

（8）领导工会、共青团、少先队等群团组织和教职工大会

（代表大会），做好统一战线工作。

建立党组织参与决策和监督、有效发挥作用的制度机制。完善领导班子配备方式，推行党组织与行政领导班子成员双向进入、交叉任职，保证党组织在重大事项决策中的地位。健全议事决策制度，明确党组织参与决策具体内容和程序，规范党组织会议、党政联席会议制度，按照民主集中制原则集体讨论决定重要事项。健全沟通协调机制，对重大议题和事项，党组织与行政领导班子成员要充分沟通酝酿、形成共识。定期组织党员、教职工代表等听取校长工作报告和重大事项情况通报，保证对决策实施的监督。对不符合党的路线方针政策、国家法律法规或不按程序决策的做法，党组织要及时提出意见或向上级党组织报告。

边疆地区、民族地区已明确实行党组织领导下的校长负责制的中小学校，党组织要加强对学校各项工作、各类组织的领导，积极探索发挥领导核心作用的有效途径。

健全完善中小学校党建工作管理体制

按照与教育管理体制相适应、管党建管业务相结合的原则，中小学校党建工作一般由县级以上地方党委教育工作部门或教育行政部门党组织统一领导和指导。

中小学校党组织关系一般隶属于市、县级党委教育工作部门或教育行政部门党组织，所在乡镇（街道）、村（社区）党组织协助管理。高等学校等单位和部门举办的中小学校，其党组织关系一般由举办单位和部门党组织管理，所在地方党委教育工作部门或教育行政部门党组织协助管理。

全面提升中小学校党组织建设水平

加大党组织组建力度，有 3 名以上正式党员的学校，都要单独建立党组织，并按期进行换届。正式党员不足 3 人的学校或偏远地区的农村学校（教学点），可就近就便与其他学校建立联合党组织，也可挂靠乡镇（街道）、村（社区）党组织。暂时没有党员的学校，要通过调剂或聘任党员教师、选派党建指导员等措施，推动尽快建立党组织。新建学校，应同步谋划党组织组建和党的工作开展。

党组织书记一般应具备教师资格，经过学校党务和行政岗位锻炼。党组织书记和校长分设的，党组织书记一般应兼任副校长，党员校长一般应兼任副书记。

严格党员标准，抓好入党积极分子培养，重视发展优秀青年教师、学科带头人入党，健全把骨干教师培养成党员、把党员教师培养成教学管理骨干的“双培养”机制。

党组织书记（副书记）与校长（副校长）在岗位等级确定、考核奖励、待遇落实等方面同等对待。

把抓好德育和思想政治工作作为中小学校党组织重要任务

建立常态化的政治理论学习制度，每月至少组织 1 次教职工政治学习。

切实加强对中小学校党建工作的领导

党建工作经费要纳入学校年度经费预算安排。

——以上见《中央组织部、教育部党组印发〈关于加强中小学校党的建设工作的意见〉的通知》（中组发〔2016〕17 号），2016 年 6 月 29 日切实加强民办学校党的建设。全面加强民办学校党的思想建设、组织建设、作风建设、反腐倡廉建设、制度建设，增强政治意识、大局意识、核心意识、看齐意识。完善民办学校党组织设置，理顺民办学校党组织隶属关系，健全各级党组织工作保障机制，选好配强民办学校党组织负责人。民办学校党组织要发挥政治核心作用，强化思想引领，牢牢把握社会主义办学方向，牢牢把握党对民办学校意识形态工作的领导权、话语权，切实维护民办学校和谐稳定。

——以上见《国务院关于鼓励社会力量兴办教育促进民办教育健康发展的若干意见》（国发〔2016〕81号），2016年12月29日

改革优化组织制度和运行机制

在中学章程中要明确团代会、学代会和团学组织的地位作用、职责权限，充分发挥团学组织参与学校治理的主体作用。建立健全党领导下的“一心双环”中学团学组织格局，即以团组织为核心和枢纽，以学生会为学生“自我服务、自我管理、自我教育、自我监督”主体组织，以学生社团及相关学生组织为外围手臂延伸。确立共青团在各类学生组织中的核心地位和作用。

加强先进性建设

制定团员发展规划，强化县域统筹，用3年左右时间将初中、高中阶段毕业班团学比例分别控制在30%、60%以内。

巩固班级团支部建设，推行班级团支部与班委会一体化运行机制，探索实行班长兼任团支部副书记或团支部书记兼任班长的制度。中学要普遍设立青年教职工团总支或团支部，在中学团委的统一领导下开展工作，加强对青年教职工的联系服务引导。推进社团建团，探索适应普通高中选课走班和中职学校顶岗实习的新型团建实践。

大力选树优秀学生团员、学生团干部和优秀中学中职团组织等先进典型。

改革创新工作内容和方式方法

普遍建立中学生团校和业余党校，不断丰富内容，创新方式，充分发挥思想引领功能。

建立健全以志愿服务及社团活动为核心的实践育人制度。

建立健全中学生困难帮扶和权益维护机制。

推进中学团学活动的项目化管理和课程化实践。

改革完善中学团干部制度

完善中学团干部队伍“专兼”配备机制，在3—5年内实现团委书记岗位专设，按学校中层正职干部配备和管理。普遍建立青年教师和学生兼职团干部制度，每所中学应分别选任至少1名青年教师和学生担任兼职团委副书记。团的工作按一定比例折算成相应的工作量，具备教师资格的团委干部可适当兼课，原则上不超过学校同学科教师满课时量的一半。教师团干部的考核要以共青团工作作为主要内容，考核结果和工作成果作为评聘职务和工资分配的重要依据。

关心专任团干部的使用和培养，其任职年限等同于担任班主任的工作年限。推进中学共青团工作的学科研究，切实加强学科带头人的培养，探索推动建立各级“中学名团干工作室”。

强化有关保障机制

各学校应明确由 1 名校级领导分管共青团工作，建立学校党政班子定期听取共青团工作专题汇报制度。学校团委书记为党员的，应作为学校党委（总支、支部）委员候选人选。严格落实学校团组织受同级党的委员会领导，同时受团的上级组织领导的规定。落实中学团组织推荐优秀师生团员作入党积极分子人选的重要职责。

各中学须规范设置团委，支持团委按照团章独立自主开展工作。建立学校团委与德育部门合理分工、有效协作的机制，团委书记应出席或列席学校党委会、党政联席会议，可根据实际兼任德育部门副职。探索推行班主任兼任班级团支部指导员制度。建立中学共青团工作与学生综合素质评价的有效衔接机制。将中学团的活动纳入综合实践活动课程之中，推动团的活动和学校相关专题教育活动的综合实施。中学所收缴团费除上缴上级团组织部分外，应全部用于学校团的工作，并严格按照学校财务管理制度执行。各学校应将校级团委日常工作经费纳入学校年度经费预算安排，并在活动场所、设备等方面对团的工作予以保障。

——以上见《共青团中央 教育部关于印发〈中学共青团改革实施方案〉的通知》（中青联发〔2016〕17 号），2016 年 11 月 10 日

支持少先队总辅导员参加继续教育和攻读少先队相关学科

学位。

支持少先队总辅导员开展多种形式的教育科研和培训宣讲活动。选派优秀少先队总辅导员参加国内国际交流、考察。

属于专业技术岗位的少先队总辅导员，其从事少先队总辅导员工作的内容、工作量和成果应纳入专业技术职务评聘。

——以上见《共青团中央 教育部 全国少工委关于印发〈少先队总辅导员设置管理办法（试行）〉的通知》（中青联发〔2012〕23号），2012年12月31日

大队辅导员由所在学校推荐、上级团委聘请、从事学校少先队工作的优秀教师担任。在配备与管理上应做到：

1. 有15个教学班以上的小学，初一、初二两个年级有8个教学班以上的中学，应配备一名少先队大队辅导员。中学的大队辅导员可由中学团委（总支）书记或团委副书记兼任。

2. 大队辅导员在已与学校明确了聘用关系的人员范围内，按照队章的规定聘请，三年一聘，聘请的第一年为试用期，试用期间考核如不合格则随时解聘，工作业绩突出者可续聘。学校对大队辅导员进行调整时，需征求上级团委意见，并做到随缺随补。团组织聘请辅导员应举行仪式，颁发聘书。

3. 大队辅导员按学校中层管理人员进行管理和使用，列席校务会议。从事少先队工作多年，且成绩特别突出者，可列入教育系统后备干部培养序列。

4. 符合《中学教师职务试行条例》或《小学教师职务试行条例》要求的大队辅导员可按有关规定评聘相应专业技术职务。

5. 大队辅导员每周兼课一般不超过6课时，从事少先队的工作时间每周不低于10课时。大队辅导员的工作量要折算成相应的教学工作量。大队辅导员节假日组织开展少先队活动，学校应给予适当调休。

——以上见《共青团中央 教育部 人事部 全国少工委关于印发〈少先队辅导员管理办法（试行）〉的通知》（中青联发〔2007〕24号），2007年6月11日

确保少先队活动的时间。少先队活动要作为国家规定的必修的活动课，小学1年级至初中2年级每周安排1课时。其中，小学1—2年级少先队活动课时可在地方课程与学校课程中安排，小学3年级至初中2年级少先队活动课时可在综合实践活动中安排。

加强少先队辅导员队伍建设。各地要切实做好少先队辅导员的选拔、聘任、培训等工作，不断提高辅导员队伍的整体素质。中小学校可根据需要，聘请关心少年儿童成长的社会各界人士做校外辅导员，参与组织学校少先队活动。

加强少先队活动基地建设。充分调动社会各方面的积极性，挖掘各种社会资源，有效整合、利用各级各类校外教育机构，包括校外活动场所、社会实践基地等教育资源，为少先队活动的开展提供必要的条件保障。

——以上见《教育部关于加强中小学少先队活动的通知》（教基二〔2012〕3号），2012年9月3日

新形势下加强基层工会建设，要坚持从工会组织的性质和特点出发，努力建设“六有”工会：一是有依法选举的工会主席，建设心系职工、善于维权、开拓进取的骨干队伍；二是有独立健全的组织机构，完善工会委员会、经费审查委员会、女职工委员会等组织；三是有服务职工的活动载体，满足职工的多样化需求；四是有健全完善的制度机制，实现工会工作的群众化、民主化、制度化、法制化；五是有自主管理的工会经费，真正用于服务职工和工会活动；六是有会员满意的工作绩效，切实让职工群众感受到工会是“职工之家”。

——以上见《中华全国总工会关于印发〈中华全国总工会关于新形势下加强基层工会建设的意见〉的通知》（总工发〔2014〕22号），2014年7月29日

案例选编

1. 北京东城培新小学：让党的声音传到校园每个角落

北京市东城区培新小学采用“四个坚持”的措施来传播党的声音。

坚持“每月新闻播报”。由党小组轮流承担任务，以不同的形式呈现焦点问题、重要事件、主题思考、知识链接等，让党员教师关注时事政治、关注社会热点、关注教育发展。

坚持“党员系列论坛”活动。由党员轮流主讲，号召大家在创先争优阶段学习创优、工作创优、服务创优、业绩创优。在阳光党建工作的推进中，从阳光心态、阳光行为、阳光精神、阳光文化等方面着手，让党的声音渗透到每一个细节、校园每一个角落。

坚持用好“阳光党建”的宣传阵地。通过公开的方式、便捷的渠道，开展广泛的宣传，使校园处处体现出“此处无声胜有声”的效果。

坚持办好“阳光党建电子月刊”，每月一期电子报，及时反映党建工作动态。

——原载于：北京中小学党建信息网

2. 山东安丘青云学府：铸“红烛先锋”党建品牌，发挥党员教师模范作用

山东省安丘市青云学府党委以开展“两学一做”学习教育为契机，组织党员带着责任学、肩负使命做，积极争当“红烛

先锋”，有效发挥了党员教师先锋模范作用。

开设特色课堂“学”，让“烛心”更旺。学校党委设立三大特色课堂，引导党员认真学党章党规、学系列讲话，强化党性修养、坚定理想信念。一是开设固定课堂。建立实行了“支部生活日”制度，认真落实“三会一课”，推动党组织生活常态化。二是开设流动课堂。针对部分离退休党员行动不便的实际，将党章党规、系列讲话等必学书目录制成音频资料，组织党员一对一联系送学上门。三是开设掌上课堂。利用互联网、手机等新兴媒体，建立党员微信群，设立青云学府微信公众号，开设微课堂、党建知识、身边典型等专栏，定期发布各类学习资料，组织党员随时随地学习。

搭建实践载体“做”，让“烛光”更亮。一是凝聚“三亮三比三满意”共识。在全体党员中开展“我心中的合格党员”大讨论，结合实际形成“青云学府合格党员十条要求”，使广大党员改有标尺、做有方向。二是开展“三带三帮三促进”活动。组织党员带头参加教研活动、带头落实教学常规、带头“晒课”，每人帮扶一名家庭困难学生、帮助一名学习后进学生、帮带一名青年教师。三是推动党员教师“返乡寻源”。学校党委组织有条件的党员教师每人联系 30 户群众，定期走村入户。开展“送温暖”活动，与 21 名留守儿童结成了帮教对子。

立足群众满意“改”，让“烛火”更暖。学校党委开展了“家家到、户户访”活动，利用暑假时间，组织党员教师逐人逐户到学生家中走访，深入征求学生、家长对学校工作的意见建议，先后解决学生就餐、校园环境等方面的问题 37 个。组织开展“促进教育教学金点子”“典型问题整改案例”征集活动，引导党员敢于“晒”出问题、主动解决问题。围绕加强教师队伍建设，将《师德投诉必查内容三十条》、《教师从业十不准》、党员教师“负面清单”等制成提醒卡，发给每名教师，将监督约束抓在经常、融入日常。

——原载于：《中国教育报》，2016年11月18日第3版，有改动

3. 甘肃张掖民乐四中：党支部“3+3”模式助力学校和谐发展

甘肃省张掖市民乐县第四中学党支部创新学习方式，提升党员素质，明确责任担当，通过实施“3+3”模式，充分发挥党员教师的先锋模范作用，破解学校教育教学中的难题，取得了作风建设和学习教育新成效。

“3+3”模式，指每个党员干部每学期完成3项任务（即每个学期至少要为学校提1条合理化建议，负责1项教研任务，带好1位青年教师），帮扶不少于3名学困生。

提1条合理化建议

“两学一做”活动开展以来，学校党支部要求每个党员干部每个学期至少要根据学校实际提1条合理化建议。短短的一个学期，学校就收集到40多条合理化建议，内容涉及校园文化、环境治理、学生行为等各个方面，有20多条合理化建议得到了落实。

负责或参与1项教研任务

为了促进教研工作迈上新台阶，学校党支部要求党员干部必

须带领其他教师一起开展教学研究，做教学研究的领导者、示范者。目前，学校正在开展中的40多个研究课题中，几乎每一个课题都有党员教师参与。仅一个学期，学校党员教师承担的示范课、研究课等各类公开研讨课就多达50多节次。

带好1位青年教师

学校党支部根据学校实际，明确提出每位党员教师必须帮扶1名年轻教师，制定了具体的《党员教师帮扶工作制度》，用制度确立党员教师的帮扶行为。帮扶工作开展以来，党员教师和帮扶对象一起研究学生、研究教材、研究教学方法。

帮扶3名困难学生

随着大批农民进城务工，一个个“空巢”家庭带来的留守子女心理健康问题引起了学校的高度关注。学校党支部精心制定了《民乐四中党员教师爱心阳光教育工程实施方案》，要求每个党员教师在认真摸底的基础上，与至少3名学困生或家庭困难学生结对子，通过交流沟通，关注学生的成长。

——原载于：中华人民共和国教育部网站，2017年2月13日，有改动

4. 宁夏六盘山高中：让课余党校成为学生成长的指路灯

宁夏六盘山高级中学是直属宁夏回族自治区教育厅的全日制寄宿高中，是自治区普通高中一级示范学校。宁夏六盘山高中的建设是自治区党委、政府在2003年向全区人民承诺的十件“民心工程”之一。在学校建设、发展的各个关键时期，从国家到地方各级领导都曾来学校看望师生。

党的关怀，政府的重视，让学生都深深懂得：没有共产党，就没有六盘山高中。在学生们稚嫩的心灵里，积蓄着对共产党浓浓的感情。为此，学校因势利导，将学生的感激之情升华为“听党的话跟党走”的坚定信念。

创建学生向往的课余党校。2004 年，学校就创建了六盘山高中学生课余党校。每一期学生课余党校，都开展了形式丰富多彩、内容深刻的学生党性教育活动，学员们在听党课、瞻仰革命烈士陵园、参加“保护母亲河”义务植树、参加校内外志愿者服务等活动过程中，不但学到了党的知识，也坚定了为共产主义而奋斗的信念。

培养品学兼优的高素质人才。入选参加课余党校的每一期学员，都由各班学生推荐，他们都是积极写了入党申请书且品德高尚、学业成绩优秀的学生，经过课余党校的培训后，他们就像一颗颗火种在校园的每一个角落发光发热；他们在班级、学生会担任管理工作，历练了他们服务同学的意识、奋力拼搏的精神和协调组织的能力；他们在高考中都取得了优异成绩，成为建设祖国的拔尖创新人才。

引领校园“积极入党”新时尚。自学校第一期课余党校开班以来，凡参加培训的学生，无论是精神面貌还是学业成绩、言谈举止，都有很大的变化，令其他学生羡慕不已。在参加课余党校学生的带领下，向党组织递交“入党申请书”和思想汇报、自觉参加志愿者各项义务活动已成为一种高雅的时尚追求。截至 2014 年 7 月，学校已举办了学生课余党校九期，参加培训并顺利拿到结业证书的学生近 2250 人，被列为入党积极分子培养对象的学生有450多人，有50名学生在高考前夕光荣地加入中国共产党。学校被中共党史教育办公室确定为“中共青少年党史教育活动基地”。

——摘编自：教育部有关会议交流材料，有改动

附　录

（一）义务教育学校管理标准[①]

管理职责	管理任务	管理内容
一、保障学生平等权益	1.1 维护学生平等入学权利	1. 根据国家法律法规和教育行政部门相关规定，落实招生入学方案，公开范围、程序、时间、结果，保障适龄儿童少年平等接受义务教育的权利。按照教育行政部门统一安排，做好进城务工人员随迁子女就学工作。 2. 坚持免试就近入学原则，不举办任何形式的入学或升学考试，不以各类竞赛、考级、奖励证书作为学生入学或升学的依据。不得提前招生、提前录取。 3. 实行均衡编班，不分重点班与非重点班。编班过程邀请相关人员参加，接受各方监督。 4. 实行收费公示制度，严格执行国家关于义务教育免费的规定。

① 此处只摘录该标准的基本内容部分，具体包括保障学生平等权益、促进学生全面发展、引领教师专业进步、提升教育教学水平、营造和谐美丽环境、建设现代学校制度 6 大管理职责，22 项管理任务，88 条具体内容，详见列表。——编者注

续表

管理职责	管理任务	管理内容
一、保障学生平等权益	1.2 建立控辍保学工作机制	5. 执行国家学籍管理相关规定，利用中小学生学籍信息管理系统做好辍学学生标注登记工作，并确保学籍系统信息与实际一致。防止空挂学籍和中途辍学。 6. 严格执行学生考勤制度，建立和完善辍学学生劝返复学、登记与书面报告制度，加强家校联系，配合政府部门做好辍学学生劝返复学工作。 7. 把对学习困难学生的帮扶作为控辍保学的重点任务，建立健全学习帮扶制度。
	1.3 满足需要关注学生需求	8. 制定保障教育公平的制度，通过各种途径广泛宣传，不让一名学生受到歧视或欺凌。 9. 坚持合理便利原则满足适龄残疾儿童随班就读需要，并为其学习、生活提供帮助。创造条件为有特殊学习需要的学生建立资源教室，配备专兼职教师。 10. 为需要帮助的儿童提供情感关怀，优先满足留守儿童寄宿、乘坐校车、营养改善需求，寄宿制学校应按政府购买服务的有关规定配备服务人员。
二、促进学生全面发展	2.1 提升学生道德品质	11. 推动习近平新时代中国特色社会主义思想进校园、进课堂、进头脑，落实《中小学德育工作指南》《中小学生守则》，坚持立德树人，引导学生养成良好思想素质、道德品质和行为习惯，形成积极健康的人格和良好的心理品质，促进学生核心素养提升和全面发展。 12. 教育学生爱党爱国爱人民，让学生熟记并践行社会主义核心价值观，积极开展理想信念教育、社会主义核心价值观教育、中华优秀传统文化教育、生态文明教育和心理健康教育。

续表

管理职责	管理任务	管理内容
二、促进学生全面发展	2.1 提升学生道德品质	13. 统筹德育资源，创新德育形式，探索课程育人、文化育人、活动育人、实践育人、管理育人、协同育人等多种途径，努力形成全员育人、全程育人、全方位育人的德育工作格局。 14. 把学生思想品德发展状况纳入综合素质评价体系，认真组织开展评价工作。 15. 建立党组织主导、校长负责、群团组织参与、家庭社会联动的德育工作机制。将德育工作经费纳入经费年度预算，优化德育队伍结构，提供德育工作必须的场所、设施。 16. 根据《青少年法治教育大纲》，依据相关学科课程标准，落实多学科协同开展法治教育，培养法治精神，树立法治信仰。
	2.2 帮助学生学会学习	17. 营造良好的学习环境与氛围，激发和保护学生的学习兴趣，培养学生的学习自信心。 18. 遵循教育规律和学生身心发展规律，帮助学生掌握科学的学习方法，养成良好的学习习惯。 19. 落实学生主体地位，引导学生独立思考和主动探究，培养学生良好思维品质。 20. 尊重学生个体差异，采用灵活多样的教学方法，因材施教，培养学生自主学习和终身学习能力。
	2.3 增进学生身心健康	21. 落实《中小学心理健康教育指导纲要》，将心理健康教育贯穿于教育教学全过程。按照建设指南建立心理辅导室，配备专兼职心理健康教育教师，科学开展心理辅导。

续表

管理职责	管理任务	管理内容
二、促进学生全面发展	2.3 增进学生身心健康	22. 确保学生每天锻炼 1 小时，开足并上好体育课，开展大课间体育活动，使每个学生掌握至少两项体育运动技能，养成体育锻炼习惯。配齐体育教师，加强科学锻炼指导和体育安全管理。保障并有效利用体育场地和设施器材，满足学生体育锻炼需要。 23. 建立常态化的校园体育竞赛机制，经常开展班级、年级体育比赛，每年举办全员参与的运动会。 24. 落实《国家学生体质健康标准》，定期开展学生体检和体质健康监测，重点监测学生的视力、营养状况和体质健康达标状况，及时向家长反馈。建立学生健康档案，将学生参加体育活动及体质体能健康状况等纳入学生综合素质评价。 25. 科学合理安排学校作息时间，确保学生课间和必要的课后自由活动时间，整体规划并控制各学科课后作业量。家校配合保证每天小学生 10 小时、初中生 9 小时睡眠时间。 26. 保障室内采光、照明、通风、课桌椅、黑板等设施达到规定标准，端正学生坐姿，做好眼保健操，降低学生近视新发率。
	2.4 提高学生艺术素养	27. 按照国家要求开齐开足音乐、美术课，开设书法课。利用当地教育资源，开发具有民族、地域特色的艺术教育选修课程，培养学生艺术爱好，让每个学生至少学习掌握一项艺术特长。 28. 按照国家课程方案规定的课时数和学校班级数配备艺术教师，设置艺术教室和艺术活动室，并按照国家标准配备艺术课程教学和艺术活动器材，满足艺术教育基本需求。

续表

管理职责	管理任务	管理内容
二、促进学生全面发展	2.4 提高学生艺术素养	29. 面向全体学生组织开展艺术活动，因地制宜建立学生艺术社团或兴趣小组。 30. 充分利用社会艺术教育资源，利用当地文化艺术场地资源开展艺术教学和实践活动，有条件的学校可与社会艺术团体及社区建立合作关系。
	2.5 培养学生生活本领	31. 贯彻《关于加强中小学劳动教育的意见》，为学生提供劳动机会，家校合作使学生养成家务劳动习惯，掌握基本生活技能，培养学生吃苦耐劳精神。 32. 开齐开足综合实践活动课程，充分利用各类综合实践基地，多渠道、多种形式开展综合实践活动。寒暑假布置与劳动或社会实践相关的作业。 33. 指导学生利用学校资源、社区和地方资源完成个性化作业和实践性作业。
三、引领教师专业进步	3.1 加强教师管理和职业道德建设	34. 坚持用习近平新时代中国特色社会主义思想武装教师头脑，加强教师思想政治教育和师德建设，建立健全师德建设长效机制，促进教师牢固树立和自觉践行社会主义核心价值观，严格遵守《中小学教师职业道德规范》，增强教师立德树人的荣誉感和责任感，做有理想信念、道德情操、扎实学识、仁爱之心的好老师和学生锤炼品格、学习知识、创新思维、奉献祖国的引路人。 35. 教师语言规范健康，举止文明礼貌，衣着整洁得体。 36. 严格要求教师尊重学生人格，不讽刺、挖苦、歧视学生，不体罚或变相体罚学生，不收受学生或家长礼品，不从事有偿补课。

续表

管理职责	管理任务	管理内容
三、引领教师专业进步	3.1 加强教师管理和职业道德建设	37. 健全教师管理制度，完善教师岗位设置、职称评聘、考核评价和待遇保障机制。落实班主任工作量计算、津贴等待遇。保障教师合法权益，激发教师的积极性和创造性。 38. 关心教师生活状况和身心健康，做好教师后勤服务，丰富教师精神文化生活，减缓教师工作压力，定期安排教师体检。
	3.2 提高教师教育教学能力	39. 组织教师认真学习课程标准，熟练掌握学科教学的基本要求。 40. 针对教学过程中的实际问题开展校本教研，定期开展集体备课、听课、说课、评课等活动，提高教师专业水平和教学能力。 41. 落实《中小学班主任工作规定》，制订班主任队伍培训计划，定期组织班主任学习、交流、培训和基本功比赛，提高班主任组织管理和教育能力。 42. 推动教师阅读工作，引导教师学习经典，加强教师教育技能和教学基本功训练，提升教师普通话水平，规范汉字书写，增强学科教学能力。 43. 提高教师信息技术和现代教育装备应用能力，强化实验教学，促进现代科技与教育教学的深度融合。
	3.3 建立教师专业发展支持体系	44. 完善教师培训制度，制订教师培训规划，指导教师制订专业发展计划，建立教师专业发展档案。 45. 按规定将培训经费列入学校预算，支持教师参加必要的培训，落实每位教师五年不少于 360 学时的培训要求。 46. 引进优质培训资源，定期开展专题培训，促进教研、科研与培训有机结合，发挥校本研修基础作用。 47. 鼓励教师利用网络学习平台开展教研活动，建设教师学习共同体。

续表

管理职责	管理任务	管理内容
四、提升教育教学水平	4.1 建设适合学生发展的课程	48. 落实国家义务教育课程方案和课程标准，严格遵守国家关于教材、教辅管理的相关规定，确保国家课程全面实施。不拔高教学要求，不加快教学进度。 49. 根据学生发展需要和地方、学校、社区资源条件，科学规范开设地方课程和校本课程，编制课程纲要，加强课程实施和管理。 50. 落实综合实践活动课程要求，通过考察探究、社会服务、设计制作、职业体验等方式培养学生创新精神和实践能力。每学期组织一次综合实践交流活动。 51. 创新各学科课程实施方式，强化实践育人环节，引导学生动手解决实际问题。 52. 定期开展学生学习心理研究，研究学生的学习兴趣、动机和个别化学习需要，采取有针对性的措施，改进课程实施和教学效果。
	4.2 实施以学生发展为本的教学	53. 定期开展教学质量分析，建立基于过程的学校教学质量保障机制，统筹课程、教材、教学、评价等环节，主动收集学生反馈意见，及时改进教学。 54. 采取启发式、讨论式、合作式、探究式等多种教学方式，提高学生参与课堂学习的主动性和积极性。 55. 创新作业方式，避免布置重复机械的练习，多布置科学探究式作业。可根据学生掌握情况布置分层作业。不得布置超越学生能力的作业，不得以增加作业量的方式惩罚学生。

续表

管理职责	管理任务	管理内容
四、提升教育教学水平	4.3 建立促进学生发展的评价体系	56. 对照中小学教育质量综合评价改革指标体系，进行监测，改进教育教学。 57. 实施综合素质评价，重点考察学生的思想品德、学业水平、身心健康、艺术素养、社会实践等方面的发展情况。建立学生综合素质档案，做好学生成长记录，真实反映学生发展状况。 58. 控制考试次数，探索实施等级加评语的评价方式。依据课程标准的规定和要求确定考试内容，对相关科目的实验操作考试提出要求。命题应紧密联系社会实际和学生生活经验，注重加强对能力的考察。考试成绩不进行公开排名，不以分数作为评价学生的唯一标准。
	4.4 提供便利实用的教学资源	59. 按照规定配置教学资源和设施设备，指定专人负责，建立资产台账，定期维护保养。 60. 落实《中小学图书馆（室）规程》，加强图书馆建设与应用，提升服务教育教学能力。建立实验室、功能教室等的使用管理制度，面向学生充分开放，提高使用效益。
五、营造和谐美丽环境	5.1 建立切实可行的安全与健康管理制度	61. 积极借助政府部门、社会力量、专业组织，构建学校安全风险管理体系，形成以校方责任险为核心的校园保险体系。组织教职工学习有关安全工作的法律法规，落实《中小学校岗位安全工作指南》。 62. 落实《国务院办公厅关于加强中小学幼儿园安全风险防控体系建设的意见》《中小学幼儿园安全管理办法》，建立健全学校安全卫生管理制度和工作机制，采取切实措施，确保学校师生人身安全、食品饮水安全、设施安全和活动安全。使用校车的学校严格执行国家校车安全管理制度。

续表

管理职责	管理任务	管理内容
五、营造和谐美丽环境	5.1 建立切实可行的安全与健康管理制度	63. 制订突发事件应急预案，预防和应对不法分子入侵、自然灾害和公共卫生事件，落实防治校园欺凌和暴力的有关要求。
	5.2 建设安全卫生的学校基础设施	64. 配备保障学生安全与健康的基本设施和设备，落实人防、物防和技防等相关要求。学校教育、教学及生活所用的设施、设备、场所要经权威部门检测、符合国家环保、安全等标准后方可使用。 65. 定期开展校舍及其他基础设施安全隐患排查和整治工作。校舍安全隐患要及时向主管部门书面报告。 66. 设立卫生室或保健室，按要求配备专兼职卫生技术人员，落实日常卫生保健制度。 67. 设置安全警示标识和安全、卫生教育宣传橱窗，定期更换宣传内容。
	5.3 开展以生活技能为基础的安全健康教育	68. 落实《中小学公共安全教育指导纲要》，突出强化预防溺水和交通安全教育，有计划地开展国家安全、社会安全、公共卫生、意外伤害、网络、信息安全、自然灾害以及影响学生安全的其他事故或事件教育，了解保障安全的方法并掌握一定技能。 69. 落实《中小学健康教育指导纲要》，普及疾病预防、营养与食品安全以及生长发育、青春期保健知识和技能，提升师生健康素养。 70. 落实《中小学幼儿园应急疏散演练指南》，定期开展应急演练，提高师生应对突发事件和自救自护能力。

续表

管理职责	管理任务	管理内容
五、营造和谐美丽环境	5.4 营造健康向上的学校文化	71. 立足学校实际和文化积淀，结合区域特点，建设体现学校办学理念和思想的学校文化，发展办学特色，引领学校内涵发展。 72. 做好校园净化、绿化、美化工作，合理设计和布置校园，有效利用空间和墙面，建设生态校园、文化校园、书香校园，发挥环境育人功能。 73. 每年通过科技节、艺术节、体育节、读书节等形式，因地制宜组织丰富多彩的学校活动。
六、建设现代学校制度	6.1 提升依法科学管理能力	74. 每年组织教职员工学习《宪法》《教育法》《义务教育法》《教师法》和《未成年人保护法》等法律，增强法治观念，提升依法治教、依法治校能力。 75. 依法制定和修订学校章程，健全完善章程执行和监督机制，规范学校办学行为，提升学校治理水平。 76. 制定学校发展规划，确定年度实施方案，客观评估办学绩效。 77. 健全管理制度，建立便捷规范的办事程序，完善内部机构组织规则、议事规则等。 78. 认真落实《中小学校财务制度》，做好财务管理和内审工作。 79. 指定专人负责学校法制事务，建立学校法律顾问制度，充分运用法律手段维护学校合法权益。
	6.2 建立健全民主管理制度	80. 贯彻《关于加强中小学校党的建设工作的意见》，以提升组织力为重点，突出政治功能，把学校党组织建设成领导改革发展的坚强战斗堡垒，充分发挥党员教师的先锋模范作用。

续表

管理职责	管理任务	管理内容
六、建设现代学校制度	6.2 建立健全民主管理制度	81. 坚持民主集中制，定期召开校务会议，健全学校教职工（代表）大会制度，将涉及教职工切身利益及学校发展的重要事项，提交教职工（代表）大会讨论通过。 82. 设置信息公告栏，公开校务信息，公示收费项目、标准、依据等，保证教职工、学生、相关社会公众对学校重大事项、重要制度的知情权。 83. 建立问题协商机制，听取学生、教职工和家长的意见和建议，有效化解相关矛盾。 84. 发挥少先队、共青团、学生会、学生社团的作用，引导学生自我管理或参与学校治理。
	6.3 构建和谐的家庭、学校、社区合作关系	85. 健全和完善家长委员会制度，建立家长学校，设立学校开放日，提高家长在学校治理中的参与度，形成育人合力。 86. 引入社会和利益相关者的监督，密切学校与社区联系，促进社区代表参与学校治理。 87. 主动争取社会资源和社会力量支持学校改革发展。 88. 有条件的学校可将体育文化设施在课后和节假日对本校师生和所在社区居民有序开放。

（二）义务教育学校校长专业标准[①]

专业职责	专业要求	
一 规划学校发展	专业理解与认识	1. 明确学校办学定位，履行实施义务教育的工作使命，保障适龄儿童、少年平等接受有质量的义务教育，着力保障农民工子女、残疾儿童少年、家庭经济困难学生的受教育权利。 2. 注重学校发展的战略规划，凝聚师生智慧，建立学校发展共同目标，形成学校发展合力。 3. 尊重学校传统和学校实际，提炼学校办学理念，办出学校特色。
	专业知识与方法	4. 熟悉国家的法律法规、教育方针政策和学校管理的规章制度。 5. 把握国内外学校改革和发展的基本趋势，学习借鉴优秀校长办学的成功经验。 6. 掌握学校发展规划制定、实施与测评的理论、方法与技术。
	专业能力与行为	7. 诊断学校发展现状，及时发现和研究分析学校发展面临的主要问题。 8. 组织社区、家长、教师、学生多方参与制订学校发展规划，确立学校中长期发展目标。 9. 落实学校发展规划，制订学年、学期工作计划，指导教职工制定具体行动方案，并提供人、财、物等条件支持。 10. 监测学校发展规划的实施，根据实施情况修正学校发展规划，调整工作计划，完善行动方案。

① 此处只摘录该标准的基本内容部分。——编者注

续表

<table>
<tr><th>专业职责</th><th colspan="2">专业要求</th></tr>
<tr><td rowspan="3">二　营造育人文化</td><td>专业理解与认识</td><td>11. 把德育工作摆在素质教育的首要位置，全面加强学校德育体系建设。
12. 将学校文化建设作为学校德育工作的重要方面，重视学校文化潜移默化的教育功能，把文化育人作为办学治校的重要内容与途径。
13. 热爱祖国优秀传统文化，充分发挥优秀传统文化的时代意义与教育价值，重视地域文化的重要作用。</td></tr>
<tr><td>专业知识与方法</td><td>14. 广泛涉猎自然科学与人文社会科学知识，具有良好的艺术修养和相应的艺术欣赏与表现的知识。
15. 了解校园文化建设的基本理论，掌握促进优秀文化融入学校教育的方法和途径。
16. 掌握不同年龄阶段学生思想品德形成和健康心理发展的特点与规律，了解学生思想与品行养成过程及其教育方法。</td></tr>
<tr><td>专业能力与行为</td><td>17. 绿化、美化校园环境，精心营造人文氛围，建设优良的校风、教风、学风，设计体现学校特点和教育理念的校训、校歌、校徽、校标。
18. 精心设计和组织艺术节、科技节等校园文化活动，充分利用好重大节庆日、传统节日等有特殊意义的日子以及学校组织特有的仪式，开展主题教育活动。
19. 建设绿色健康的校园信息网络，向师生推荐优秀的精神文化作品和先进模范人物，努力防范不良的流行文化、网络文化和学校周边环境对学生的负面影响。</td></tr>
</table>

续表

专业职责	专业要求	
二 营造育人文化	专业能力与行为	20. 凝聚学校文化建设力量，发挥教师、学生及社团的主体作用，为共青团、少先队、学生社团、班集体活动开展提供必要条件，保证活动时间。
三 领导课程教学	专业理解与认识	21. 坚持面向全体学生，因材施教，全面提高教育教学质量。 22. 尊重教育教学规律，注重培养学生的责任意识、创新精神和实践能力。 23. 尊重教师的教学经验和智慧，积极推进教学改革与创新。
	专业知识与方法	24. 掌握学生不同发展阶段的培养目标和课程标准。 25. 了解课程编制、课程开发与实施、课程评价的相关知识和教材、教辅使用的政策以及国内外课程教学改革的经验。 26. 掌握课堂教学以及教育信息技术应用的一般原理与方法。
	专业能力与行为	27. 有效统筹国家、地方、学校三级课程，确保国家课程、地方课程的落实，推动校本课程的开发与实施，为学生提供丰富多样的课程教学资源。 28. 认真落实义务教育课程标准，切实减轻学生过重课业负担，不得随意提高课程难度，不得挤占体育、音乐、美术及少先队活动等课程的课时，确保学生每天一小时校园体育活动。

续表

专业职责	专业要求	
三　领导课程教学	专业能力与行为	29. 建立听课与评课制度，深入课堂听课并对课堂教学进行指导，每学期听课不少于地方教育行政部门规定的课时数量。 30. 积极组织开展教研活动和教学改革，建立完善促进学生全面发展的教育教学评价制度，不片面追求学生考试成绩和升学率。
四　引领教师成长	专业理解与认识	31. 教师是学校改革发展最宝贵的人力资源，尊重、信任、团结和赏识每一位教师。 32. 校长是教师专业发展的第一责任人，将学校作为教师实现专业发展的主阵地。 33. 尊重教师专业发展的规律，激发教师发展的内在动力。
	专业知识与方法	34. 把握教师职业素养要求，明确教师的权利与义务。 35. 掌握教师专业发展的理论以及指导教师开展教育教学实践与研究的方法。 36. 掌握学习型组织建设的方法以及激励教师主动发展的策略。
	专业能力与行为	37. 建立健全教师专业发展的制度，推行校本教研，完善教研训一体的机制，落实每位教师五年一周期不少于360学时的培训要求。 38. 关注每一位教师的发展，指导教师根据自身发展特点制定专业发展计划，加强青年教师培养，支持教师轮岗交流，推进信息技术在教师专业发展中的应用。

续表

专业职责	专业要求	
四 引领教师成长	专业能力与行为	39. 扎实开展师德师风教育，落实教师职业道德规范要求，严禁教师体罚或变相体罚学生，严禁教师从事有偿补课。 40. 维护和保障教师合法权益和待遇，关爱教师身心健康，建立优教优酬的激励制度。
五 优化内部管理	专业理解与认识	41. 坚持依法治校，自觉接受师生员工和社会的监督。 42. 崇尚以德立校，处事公正、严格律己、廉洁奉献。 43. 倡导民主管理和科学管理，坚持教书育人、管理育人、服务育人。
	专业知识与方法	44. 把握国家相关政策对校长的职责定位和工作要求。 45. 掌握学校管理的基本理论与方法，了解国内外学校管理的变化趋势。 46. 熟悉学校人事财务、资产后勤、校园网络、安全保卫与卫生健康等管理实务。
	专业能力与行为	47. 形成学校领导班子的凝聚力，认真听取党组织对学校重大决策的意见，充分发挥党组织的政治核心作用。 48. 尊重和支持教职工代表大会参与学校管理的民主权利，定期向教职工代表大会报告工作，实行校务会议等管理制度。

续表

专业职责	专业要求	
五 优化内部管理	专业能力与行为	49. 建立健全学校人事、财务、资产管理等规章制度，提高学校管理规范化水平，不得违反国家规定收取费用，不得以向学生推销或者变相推销商品、服务等方式谋取利益。 50. 努力打造平安校园，建立和完善学校各种应急管理机制，定期实施安全演练，正确应对和妥善处置学校突发事件。
六 调适外部环境	专业理解与认识	51. 坚持把服务社会（社区）作为学校的重要功能，勇于承担社会责任。 52. 坚持把合作共赢作为学校对外关系准则，积极开展校内外合作与交流。 53. 坚信学校与家庭、社会（社区）的良性互动是办学水平的重要体现。
	专业知识与方法	54. 掌握学校公共关系及家校合作的理论与方法。 55. 了解所在社区、学生家庭的基本情况，积极获取与学生成长、学校发展相关的信息。 56. 熟悉各级各类社会公共服务机构的教育功能。
	专业能力与行为	57. 优化外部育人环境，努力争取社会（社区）的教育资源对学校教育的支持。 58. 充分发挥家长委员会支持学校工作的积极作用，引导社区和有关专业人士参与学校管理和监督，接受改进学校工作的合理建议。 59. 建立健全家校合作育人机制，建立教师家访制度，通过家长学校、家长会、家长开放日等形式，指导和帮助家长了解学校工作情况和学生身心发展特点，掌握科学育人方法。

续表

专业职责	专业要求	
六 调适外部环境	专业能力与行为	60. 积极发挥学校在社区建设中的作用，鼓励并组织学校师生参与服务社会（社区）的有益活动。

(三) 普通高中校长专业标准[①]

专业职责	专业要求	
一 规划学校发展	专业理解与认识	1. 正确理解普通高中教育的责任与使命，明确学校的办学定位。注重培养学生自主学习、自强自立和适应社会的能力，全面提高普通高中学生综合素质。 2. 注重学校发展的战略规划，在充分参与中凝聚师生智慧，建立共同发展愿景，明确学校发展目标，形成学校发展合力。 3. 尊重办学传统与学校实际，注重学校特色建设，坚持多样化的成才观，重视人才培养模式创新。
	专业知识与方法	4. 熟悉与教育相关的法律法规、教育方针政策和学校管理的规章制度，深入领会有关普通高中的政策法规。 5. 掌握普通高中教育的基本特点，了解国内外教育改革和发展的基本趋势，学习借鉴先进的办学经验。 6. 熟悉学校战略管理，掌握学校发展规划制定、实施与评价的理论、方法与技术。

① 此处只摘录该标准的基本内容部分。——编者注

续表

专业职责	专业要求	
一 规划学校发展	专业能力与行为	7. 系统分析学校发展状况，传承学校优秀文化，发现面临的主要问题，形成学校发展思路。 8. 按照规定程序领导制定学校发展规划，组织教师、学生、家长、社区多方参与共同确定学校的中长期发展目标。 9. 选择确定学校发展的关键措施，分解落实到学年、学期工作计划，指导师生员工制定具体行动方案，提供人、财、物等条件支持并组织实施。 10. 监测学校发展规划实施过程与成效，根据实施情况进行修正，调整工作计划，完善行动方案。
二 营造育人文化	专业理解与认识	11. 将立德树人作为普通高中教育的根本任务，把德育工作摆在素质教育的首要位置，全面加强学校德育体系建设。 12. 重视学校文化潜移默化的教育功能，将学校文化建设作为学校德育工作的重要方面，把文化育人作为办学治校的重要内容与途径。 13. 积极培育和践行社会主义核心价值观，热爱与传承中华优秀传统文化，充分发挥中华优秀传统文化的时代意义和教育价值，重视地域优秀文化的重要作用。
	专业知识与方法	14. 广泛涉猎自然科学与人文社会科学知识，掌握必要的艺术基础知识，具有良好的艺术修养和艺术欣赏能力。 15. 把握学校文化建设的内涵，掌握高中学校文化建设的任务、途径与方法。

续表

专业职责	专业要求	
二　营造育人文化	专业知识与方法	16. 熟悉普通高中学生身心发展特点和思想品德形成规律，掌握提高德育实效的理论和方法。
	专业能力与行为	17. 营造体现办学理念和学校特色的校园自然环境和人文环境，以校训、校歌、校徽、校标等为重要载体，树立优良的校风、教风、学风。 18. 精心设计和组织开展丰富多彩、积极向上的艺术、体育、科技等校园文化和社会实践活动，开展公民意识、礼仪规范、中华优秀传统文化等主题教育活动，形成爱学习、爱劳动、爱祖国活动的有效形式和长效机制。 19. 建设绿色健康的校园信息网络，向师生推荐优秀的精神文化作品和先进模范人物，努力防范不良的流行文化、网络文化和学校周边环境对学生的负面影响。 20. 凝聚学校文化建设力量，发挥教师、学生及社团的主体作用，鼓励社会（社区）和家庭参与学校文化建设，为共青团、学生会、学生社团、班集体活动开展提供必要条件，保证活动时间。
三　领导课程教学	专业理解与认识	21. 充分认识课程教学是提高学校教育质量的关键环节。发挥各学科育人作用，促进全体学生的全面发展，重视学生社会责任感、创新精神和实践能力的培养，提高学生的综合素质。 22. 重视课程的多样性和选择性，增强学生学习的自主性，丰富学生的学习经验，注重学思结合、知行统一、因材施教，促进学生个性健康发展。

续表

专业职责	专业要求	
三　领导课程教学	专业理解与认识	23. 尊重教师的教学经验和智慧，重视课程教学研究，积极推进教学改革与创新。
	专业知识与方法	24. 熟悉中小学课程政策，了解国内外高中课程教学改革的经验和发展动态。 25. 熟知学生成长和发展规律，掌握课程教学基本理论知识和课程规划、开发、实施与评价相关技能。 26. 掌握信息技术在教育领域应用的一般原理与方法。
	专业能力与行为	27. 落实国家课程方案和标准，统筹国家、地方、学校三级课程，创建具有本校特色的学校课程体系，开设多种形态、适应学生发展需要的选修课，为学生提供丰富多样的学习资源。 28. 开齐、开足国家规定的各类必修和相关选修课程，确保体育、艺术、技术、综合实践活动等课程的实施，加强法治教育，关注学生心理健康和青春期教育，合理安排作业，不得违规补课和增加课时，切实减轻学生过重的课业负担。建立健全学生体质健康监测机制，确保学生每天一小时校园体育活动。 29. 建立健全课程教学管理制度和教学质量测评、分析与改进机制，定期深入课堂听课，并对课堂教学进行指导，每学期听评课不少于地方教育行政部门规定的课时数量。 30. 组织开展教学研究与课程改革，落实高中学生综合素质评价制度，加强对学生职业生涯规划的指导，拓宽学生的成才渠道。

续表

专业职责	专业要求	
四 引领教师成长	专业理解与认识	31. 将教师作为学校改革发展最宝贵的人力资源，尊重、信任、团结和赏识每一位教师。 32. 校长是教师专业发展的引领者和第一责任人，将学校作为教师实现专业发展的精神家园。 33. 尊重教师职业特点和专业发展规律，注重激发教师发展的内在动力。
	专业知识与方法	34. 掌握教师专业素养要求，明确教师权利与义务。 35. 掌握教师专业发展的理论与方法、指导教师开展教育教学实践与研究的策略与方法。 36. 掌握学习型组织建设的方法，掌握教师团队建设以及激励教师自主发展的策略与方法。
	专业能力与行为	37. 建立健全教师专业发展制度，针对教学实际问题，开展教学研究与培训，构建教研训一体的机制，落实每位教师五年一周期不少于360学时的培训要求。 38. 关心每一位教师的发展，指导教师制定个人专业发展计划。加强青年教师培养，培育学科骨干，完善教师梯队建设。 39. 开展师德师风教育，落实教师职业道德规范要求和违反职业道德行为处理办法，引导支持教师坚定理想信念、提高道德情操、掌握扎实学识、秉持仁爱之心，不断提升教师的精神境界。 40. 关爱教师身心健康，维护和保障教师合法权益和待遇，建立优教优酬的激励机制。

续表

专业职责	专业要求	
五 优化内部管理	专业理解与认识	41. 坚持依法治校，自觉接受师生员工和社会的依法监督。 42. 崇尚以德立校，廉洁奉公、为人表率、处事公正。 43. 实行科学管理和民主管理，坚持教书育人、管理育人、服务育人。
	专业知识与方法	44. 熟悉国家相关政策及其对校长的职责定位和工作要求。 45. 把握高中学校管理的基本规律，掌握学校管理的基本理论与方法，了解国内外学校管理的先进经验与发展趋势。 46. 熟悉学校人事财务、资产后勤、校园网络、安全保卫与卫生健康等管理实务。
	专业能力与行为	47. 形成学校领导班子的凝聚力，认真听取党组织对学校重大决策的意见，充分发挥党组织的政治核心作用，加强学校管理队伍建设。 48. 尊重和支持教职工代表大会参与学校管理的民主权利，定期向教职工代表大会报告工作，实行校务会议、校务公开等管理制度。鼓励师生员工参与学校管理。 49. 健全学校人事、财务、资产管理等管理制度，将信息化手段引入学校管理，提高学校管理的专业化水平。不得违反国家规定收取费用，不得以向学生推销或者变相推销商品、服务等方式谋取利益。 50. 努力建设平安校园，建立和完善学校各种应急管理机制，定期实施安全演练，排查安全隐患，正确应对和妥善处置学校突发事件。

续表

专业职责	专业要求	
六 调适外部环境	专业理解与认识	51. 坚信营造学校与家庭、社会（社区）支持性的发展环境是学校发展的基础与重要保障。 52. 重视学校与家庭、社会（社区）的沟通，把与社区的良性互动作为办学水平的重要体现，将服务社会（社区）作为学校的重要功能。 53. 坚持学校、家庭、社会（社区）合作共赢的原则，增强学校对外交流的主动性和创新性。
	专业知识与方法	54. 掌握学校公共关系及家校合作的理论与方法。 55. 熟悉社会公共服务机构的教育功能，掌握开发和利用社会资源的知识与方法。 56. 掌握与家庭、社会（社区）、学校、各类媒体等沟通的方法与技巧。
	专业能力与行为	57. 树立学校的良好形象，加强校际合作，整合办学资源，优化育人环境，争取社会（社区）对学校的大力支持。 58. 充分发挥家长委员会的积极作用，接受改进学校工作的合理建议，完善家庭和社会（社区）参与学校管理的机制，主动与社区建立合作关系。 59. 健全家校合作育人机制，建立教师家访制度，通过家长学校、家长会、家长开放日以及信息化通讯手段等多种形式，帮助家长了解学校情况和学生身心发展特点，指导家长掌握科学的家庭教育方法。 60. 积极发挥学校在社区建设中的文化引领作用，鼓励并组织学校师生参与服务社会（社区）的有益活动。

（四）小学教师专业标准（试行）[①]

维度	领域	基本要求
专业理念与师德	（一）职业理解与认识	1. 贯彻党和国家教育方针政策，遵守教育法律法规。 2. 理解小学教育工作的意义，热爱小学教育事业，具有职业理想和敬业精神。 3. 认同小学教师的专业性和独特性，注重自身专业发展。 4. 具有良好职业道德修养，为人师表。 5. 具有团队合作精神，积极开展协作与交流。
	（二）对小学生的态度与行为	6. 关爱小学生，重视小学生身心健康，将保护小学生生命安全放在首位。 7. 尊重小学生独立人格，维护小学生合法权益，平等对待每一位小学生。不讽刺、挖苦、歧视小学生，不体罚或变相体罚小学生。 8. 信任小学生，尊重个体差异，主动了解和满足有益于小学生身心发展的不同需求。 9. 积极创造条件，让小学生拥有快乐的学校生活。
	（三）教育教学的态度与行为	10. 树立育人为本、德育为先的理念，将小学生的知识学习、能力发展与品德养成相结合，重视小学生全面发展。 11. 尊重教育规律和小学生身心发展规律，为每一个小学生提供适合的教育。 12. 引导小学生体验学习乐趣，保护小学生的求知欲和好奇心，培养小学生的广泛兴趣、动手能力和探究精神。

① 此处只摘录该标准的基本内容部分。——编者注

续表

维度	领域	基本要求
专业理念与师德	（三）教育教学的态度与行为	13. 引导小学生学会学习，养成良好学习习惯。 14. 尊重和发挥好少先队组织的教育引导作用。
	（四）个人修养与行为	15. 富有爱心、责任心、耐心和细心。 16. 乐观向上、热情开朗、有亲和力。 17. 善于自我调节情绪，保持平和心态。 18. 勤于学习，不断进取。 19. 衣着整洁得体，语言规范健康，举止文明礼貌。
专业知识	（五）小学生发展知识	20. 了解关于小学生生存、发展和保护的有关法律法规及政策规定。 21. 了解不同年龄及有特殊需要的小学生身心发展特点和规律，掌握保护和促进小学生身心健康发展的策略与方法。 22. 了解不同年龄小学生学习的特点，掌握小学生良好行为习惯养成的知识。 23. 了解幼小和小初衔接阶段小学生的心理特点，掌握帮助小学生顺利过渡的方法。 24. 了解对小学生进行青春期和性健康教育的知识和方法。 25. 了解小学生安全防护的知识，掌握针对小学生可能出现的各种侵犯与伤害行为的预防与应对方法。
	（六）学科知识	26. 适应小学综合性教学的要求，了解多学科知识。 27. 掌握所教学科知识体系、基本思想与方法。 28. 了解所教学科与社会实践、少先队活动的联系，了解与其他学科的联系。

续表

维度	领域	基本要求
专业知识	（七）教育教学知识	29. 掌握小学教育教学基本理论。 30. 掌握小学生品行养成的特点和规律。 31. 掌握不同年龄小学生的认知规律和教育心理学的基本原理和方法。 32. 掌握所教学科的课程标准和教学知识。
	（八）通识性知识	33. 具有相应的自然科学和人文社会科学知识。 34. 了解中国教育基本情况。 35. 具有相应的艺术欣赏与表现知识。 36. 具有适应教育内容、教学手段和方法现代化的信息技术知识。
专业能力	（九）教育教学设计	37. 合理制定小学生个体与集体的教育教学计划。 38. 合理利用教学资源，科学编写教学方案。 39. 合理设计主题鲜明、丰富多彩的班级和少先队活动。
	（十）组织与实施	40. 建立良好的师生关系，帮助小学生建立良好的同伴关系。 41. 创设适宜的教学情境，根据小学生的反应及时调整教学活动。 42. 调动小学生学习积极性，结合小学生已有的知识和经验激发学习兴趣。 43. 发挥小学生主体性，灵活运用启发式、探究式、讨论式、参与式等教学方式。 44. 发挥好少先队组织生活、集体活动、信息传播等教育功能。 45. 将现代教育技术手段整合应用到教学中。 46. 较好使用口头语言、肢体语言与书面语言，使用普通话教学，规范书写钢笔字、粉笔字、毛笔字。

续表

维度	领域	基本要求
专业能力	（十）组织与实施	47. 妥善应对突发事件。 48. 鉴别小学生行为和思想动向，用科学的方法防止和有效矫正不良行为。
	（十一）激励与评价	49. 对小学生日常表现进行观察与判断，发现和赏识每一位小学生的点滴进步。 50. 灵活使用多元评价方式，给予小学生恰当的评价和指导。 51. 引导小学生进行积极的自我评价。 52. 利用评价结果不断改进教育教学工作。
	（十二）沟通与合作	53. 使用符合小学生特点的语言进行教育教学工作。 54. 善于倾听，和蔼可亲，与小学生进行有效沟通。 55. 与同事合作交流，分享经验和资源，共同发展。 56. 与家长进行有效沟通合作，共同促进小学生发展。 57. 协助小学与社区建立合作互助的良好关系。
	（十三）反思与发展	58. 主动收集分析相关信息，不断进行反思，改进教育教学工作。 59. 针对教育教学工作中的现实需要与问题，进行探索和研究。 60. 制定专业发展规划，积极参加专业培训，不断提高自身专业素质。

（五）中学教师专业标准（试行）[①]

维度	领域	基本要求
专业理念与师德	（一）职业理解与认识	1. 贯彻党和国家教育方针政策，遵守教育法律法规。 2. 理解中学教育工作的意义，热爱中学教育事业，具有职业理想和敬业精神。 3. 认同中学教师的专业性和独特性，注重自身专业发展。 4. 具有良好职业道德修养，为人师表。 5. 具有团队合作精神，积极开展协作与交流。
	（二）对学生的态度与行为	6. 关爱中学生，重视中学生身心健康发展，保护中学生生命安全。 7. 尊重中学生独立人格，维护中学生合法权益，平等对待每一位中学生。不讽刺、挖苦、歧视中学生，不体罚或变相体罚中学生。 8. 尊重个体差异，主动了解和满足中学生的不同需要。 9. 信任中学生，积极创造条件，促进中学生的自主发展。
	（三）教育教学的态度与行为	10. 树立育人为本、德育为先的理念，将中学生的知识学习、能力发展与品德养成相结合，重视中学生的全面发展。 11. 尊重教育规律和中学生身心发展规律，为每一位中学生提供适合的教育。 12. 激发中学生的求知欲和好奇心，培养中学生学习兴趣和爱好，营造自由探索、勇于创新的氛围。

① 此处只摘录该标准的基本内容部分。——编者注

续表

维度	领域	基本要求
专业理念与师德	（三）教育教学的态度与行为	13. 引导中学生自主学习、自强自立，培养良好的思维习惯和适应社会的能力。 14. 尊重和发挥好共青团、少先队组织的教育引导作用。
	（四）个人修养与行为	15. 富有爱心、责任心、耐心和细心。 16. 乐观向上、热情开朗、有亲和力。 17. 善于自我调节情绪，保持平和心态。 18. 勤于学习，不断进取。 19. 衣着整洁得体，语言规范健康，举止文明礼貌。
专业知识	（五）教育知识	20. 掌握中学教育的基本原理和主要方法。 21. 掌握班级、共青团、少先队建设与管理的原则与方法。 22. 掌握教育心理学的基本原理和方法，了解中学生身心发展的一般规律与特点。 23. 了解中学生世界观、人生观、价值观形成的过程及其教育方法。 24. 了解中学生思维能力、创新能力和实践能力发展的过程与特点。 25. 了解中学生群体文化特点与行为方式。
	（六）学科知识	26. 理解所教学科的知识体系、基本思想与方法。 27. 掌握所教学科内容的基本知识、基本原理与技能。 28. 了解所教学科与其它学科的联系。 29. 了解所教学科与社会实践及共青团、少先队活动的联系。

续表

维度	领域	基本要求
专业知识	（七）学科教学知识	30. 掌握所教学科课程标准。 31. 掌握所教学科课程资源开发与校本课程开发的主要方法与策略。 32. 了解中学生在学习具体学科内容时的认知特点。 33. 掌握针对具体学科内容进行教学和研究性学习的方法与策略。
	（八）通识性知识	34. 具有相应的自然科学和人文社会科学知识。 35. 了解中国教育基本情况。 36. 具有相应的艺术欣赏与表现知识。 37. 具有适应教育内容、教学手段和方法现代化的信息技术知识。
专业能力	（九）教学设计	38. 科学设计教学目标和教学计划。 39. 合理利用教学资源和方法设计教学过程。 40. 引导和帮助中学生设计个性化的学习计划。
	（十）教学实施	41. 营造良好的学习环境与氛围，激发与保护中学生的学习兴趣。 42. 通过启发式、探究式、讨论式、参与式等多种方式，有效实施教学。 43. 有效调控教学过程，合理处理课堂偶发事件。 44. 引发中学生独立思考和主动探究，发展学生创新能力。 45. 发挥好共青团、少先队组织生活、集体活动、信息传播等教育功能。 46. 将现代教育技术手段整合应用到教学中。

续表

维度	领域	基本要求
专业能力	（十一）班级管理与教育活动	47. 建立良好的师生关系，帮助中学生建立良好的同伴关系。 48. 注重结合学科教学进行育人活动。 49. 根据中学生世界观、人生观、价值观形成的特点，有针对性地组织开展德育活动。 50. 针对中学生青春期生理和心理发展特点，有针对性地组织开展有益身心健康发展的教育活动。 51. 指导学生理想、心理、学业等多方面发展。 52. 有效管理和开展班级、共青团、少先队活动。 53. 妥善应对突发事件。
	（十二）教育教学评价	54. 利用评价工具，掌握多元评价方法，多视角、全过程评价学生发展。 55. 引导学生进行自我评价。 56. 自我评价教育教学效果，及时调整和改进教育教学工作。
	（十三）沟通与合作	57. 了解中学生，平等地与中学生进行沟通交流。 58. 与同事合作交流，分享经验和资源，共同发展。 59. 与家长进行有效沟通合作，共同促进中学生发展。 60. 协助中学与社区建立合作互助的良好关系。
	（十四）反思与发展	61. 主动收集分析相关信息，不断进行反思，改进教育教学工作。 62. 针对教育教学工作中的现实需要与问题，进行探索和研究。 63. 制定专业发展规划，积极参加专业培训，不断提高自身专业素质。

（六）特殊教育教师专业标准（试行）[①]

维度	领域	基本要求
专业理念与师德	职业理解与认识	1. 贯彻党和国家教育方针政策，遵守教育法律法规。
		2. 理解特殊教育工作的意义，热爱特殊教育事业，具有职业理想和敬业精神。
		3. 认同特殊教育教师职业的专业性、独特性和复杂性，注重自身专业发展。
		4. 具有良好的职业道德修养和人道主义精神，为人师表。
		5. 具有良好的团队合作精神，积极开展协作交流。
	对学生的态度和行为	6. 关爱学生，将保护学生生命安全放在首位，重视学生的身心健康发展。
		7. 平等对待每一位学生，尊重学生人格尊严，维护学生合法权益。不歧视、讽刺、挖苦学生，不体罚或变相体罚学生。
		8. 理解残疾是人类多样性的一种表现，尊重个体差异，主动了解和满足学生身心发展的特殊需要。
		9. 引导学生正确认识和对待残疾，自尊自信、自强自立。
		10. 对学生始终抱有积极的期望，坚信每一位学生都能成功，积极创造条件，促进学生健康快乐成长。

① 此处只摘录该标准的基本内容部分。——编者注

续表

维度	领域	基本要求
专业理念与师德	教育教学的态度与行为	11. 树立德育为先、育人为本、能力为重的理念，将学生的品德养成、知识学习与能力发展相结合，潜能开发与缺陷补偿相结合，提高学生的综合素质。
		12. 尊重特殊教育规律和学生身心发展特点，为每一位学生提供合适的教育。
		13. 激发并保护学生的好奇心和自信心，引导学生体验学习乐趣，培养学生的动手能力和探究精神。
		14. 重视生活经验在学生成长中的作用，注重教育教学、康复训练与生活实践的整合。
		15. 重视学校与家庭、社区的合作，综合利用各种资源。
		16. 尊重和发挥好少先队、共青团组织的教育引导作用。
	个人修养与行为	17. 富有爱心、责任心、耐心、细心和恒心。
		18. 乐观向上、热情开朗、有亲和力。
		19. 具有良好的耐挫力，善于自我调适，保持平和心态。
		20. 勤于学习，积极实践，不断进取。
		21. 衣着整洁得体，语言规范健康，举止文明礼貌。

续表

维度	领域	基本要求
专业知识	学生发展知识	22. 了解关于学生生存、发展和保护的有关法律法规及政策。
		23. 了解学生身心发展的特殊性与普遍性规律，掌握学生残疾类型、原因、程度、发展水平、发展速度等方面的个体差异及教育的策略和方法。
		24. 了解对学生进行青春期教育的知识和方法。
		25. 掌握针对学生可能出现的各种侵犯与伤害行为、意外事故和危险情况下的危机干预、安全防护与救助的基本知识与方法。
		26. 了解学生安置和不同教育阶段衔接的知识，掌握帮助学生顺利过渡的方法。
	学科知识	27. 掌握所教学科知识体系的基本内容、基本思想和方法。
		28. 了解所教学科与其他学科及社会生活的联系。
	教育教学知识	29. 掌握特殊教育教学基本理论，了解康复训练的基本知识与方法。
		30. 掌握特殊教育评估的知识与方法。
		31. 掌握学生品德心理和教学心理的基本原理和方法。
		32. 掌握所教学科的课程标准以及基于标准的教学调整策略与方法。
		33. 掌握在学科教学中整合情感态度、社会交往与生活技能的策略与方法。
		34. 了解学生语言发展的特点，熟悉促进学生语言发展、沟通交流的策略与方法。

续表

维度	领域	基本要求
专业知识	通识性知识	35. 具有相应的自然科学和人文社会科学知识。
		36. 了解教育事业和残疾人事业发展的基本情况。
		37. 具有相应的艺术欣赏与表现知识。
		38. 具有适应教育内容、教学手段和方法现代化的信息技术知识。
专业能力	环境创设与利用	39. 创设安全、平等、适宜、全纳的学习环境，支持和促进学生的学习和发展。
		40. 建立良好的师生关系，帮助学生建立良好的同伴关系。
		41. 有效运用班级和课堂教学管理策略，建立班级秩序与规则，创设良好的班级氛围。
		42. 合理利用资源，为学生提供和制作适合的教具、辅具和学习材料，支持学生有效学习。
		43. 运用积极行为支持等不同管理策略，妥善预防、干预学生的问题行为。
	教育教学设计	44. 运用合适的评估工具和评估方法，综合评估学生的特殊教育需要。
		45. 根据教育评估结果和课程内容，制订学生个别化教育计划。
		46. 根据课程和学生身心特点，合理地调整教学目标和教学内容，编写个别化教学活动方案。
		47. 合理设计主题鲜明、丰富多彩的班级、少先队和共青团等群团活动。

续表

维度	领域	基本要求
专业能力	组织与实施	48. 根据学生已有的知识和经验，创设适宜的学习环境和氛围，激发学生学习的兴趣和积极性。
		49. 根据学生的特殊需要，选择合适的教学策略与方法，有效实施教学。
		50. 运用课程统整策略，整合多学科、多领域的知识与技能。
		51. 合理安排每日活动，促进教育教学、康复训练与生活实践紧密结合。
		52. 整合应用现代教育技术及辅助技术，支持学生的学习。
		53. 协助相关专业人员，对学生进行必要的康复训练。
		54. 积极为学生提供必要的生涯规划和职业指导教育，培养学生的职业技能和就业能力。
		55. 正确使用普通话和国家推行的盲文、手语进行教学，规范书写钢笔字、粉笔字、毛笔字。
		56. 妥善应对突发事件。
	激励与评价	57. 对学生日常表现进行观察与判断，及时发现和赏识每一位学生的点滴进步。
		58. 灵活运用多元评价方法和调整策略，多视角、全过程评价学生的发展情况。
		59. 引导学生进行积极的自我评价。
		60. 利用评价结果，及时调整和改进教育教学工作。

续表

维度	领域	基本要求
专业能力	沟通与合作	61. 运用恰当的沟通策略和辅助技术进行有效沟通，促进学生参与、互动与合作。
		62. 与家长进行有效沟通合作，开展教育咨询、送教上门等服务。
		63. 与同事及其他专业人员合作交流，分享经验和资源，共同发展。
		64. 与普通教育工作者合作，指导、实施随班就读工作。
		65. 协助学校与社区建立良好的合作互助关系，促进学生的社区融合。
	反思与发展	66. 主动收集分析特殊教育相关信息，不断进行反思，改进教育教学工作。
		67. 针对特殊教育教学工作中的现实需要与问题，进行教育教学研究，积极开展教学改革。
		68. 结合特殊教育事业发展需要，制定专业发展规划，积极参加专业培训，不断提高自身专业素质。

（七）中小学教师信息技术应用能力标准（试行）①

维度	Ⅰ. 应用信息技术优化课堂教学	Ⅱ. 应用信息技术转变学习方式
技术素养	1. 理解信息技术对改进课堂教学的作用，具有主动运用信息技术优化课堂教学的意识。	1. 了解信息时代对人才培养的新要求，具有主动探索和运用信息技术变革学生学习方式的意识。

① 此处只摘录标准的基本内容部分。——编者注

续表

维度	Ⅰ. 应用信息技术优化课堂教学	Ⅱ. 应用信息技术转变学习方式
技术素养	2. 了解多媒体教学环境的类型与功能，熟练操作常用设备。	2. 掌握互联网、移动设备及其他新技术的常用操作，了解其对教育教学的支持作用。
	3. 了解与教学相关的通用软件及学科软件的功能及特点，并能熟练应用。	3. 探索使用支持学生自主、合作、探究学习的网络教学平台等技术资源。
	4. 通过多种途径获取数字教育资源，掌握加工、制作和管理数字教育资源的工具与方法。	4. 利用技术手段整合多方资源，实现学校、家庭、社会相连接，拓展学生的学习空间。
	5. 具备信息道德与信息安全意识，能够以身示范。	5. 帮助学生树立信息道德与信息安全意识，培养学生良好行为习惯。
计划与准备	6. 依据课程标准、学习目标、学生特征和技术条件，选择适当的教学方法，找准运用信息技术解决教学问题的契合点。	6. 依据课程标准、学习目标、学生特征和技术条件，选择适当的教学方法，确定运用信息技术培养学生综合能力的契合点。
	7. 设计有效实现学习目标的信息化教学过程。	7. 设计有助于学生进行自主、合作、探究学习的信息化教学过程与学习活动。
	8. 根据教学需要，合理选择与使用技术资源。	8. 合理选择与使用技术资源，为学生提供丰富的学习机会和个性化的学习体验。
	9. 加工制作有效支持课堂教学的数字教育资源。	9. 设计学习指导策略与方法，促进学生的合作、交流、探索、反思与创造。

续表

维度	Ⅰ. 应用信息技术优化课堂教学	Ⅱ. 应用信息技术转变学习方式
计划与准备	10. 确保相关设备与技术资源在课堂教学环境中正常使用。	10. 确保学生便捷、安全地访问网络和利用资源。
	11. 预见信息技术应用过程中可能出现的问题，制订应对方案。	11. 预见学生在信息化环境中进行自主、合作、探究学习可能遇到的问题，制订应对方案。
组织与管理	12. 利用技术支持，改进教学方式，有效实施课堂教学。	12. 利用技术支持，转变学习方式，有效开展学生自主、合作、探究学习。
	13. 让每个学生平等地接触技术资源，激发学生学习兴趣，保持学生学习注意力。	13. 让学生在集体、小组和个别学习中平等获得技术资源和参与学习活动的机会。
	14. 在信息化教学过程中，观察和收集学生的课堂反馈，对教学行为进行有效调整。	14. 有效使用技术工具收集学生学习反馈，对学习活动进行及时指导和适当干预。
	15. 灵活处置课堂教学中因技术故障引发的意外状况。	15. 灵活处置学生在信息化环境中开展学习活动发生的意外状况。
	16. 鼓励学生参与教学过程，引导学生提升技术素养并发挥其技术优势。	16. 支持学生积极探索使用新的技术资源，创造性地开展学习活动。
评估与诊断	17. 根据学习目标科学设计并实施信息化教学评价方案。	17. 根据学习目标科学设计并实施信息化教学评价方案，并合理选取或加工利用评价工具。

续表

<table>
<tr><th>维度</th><th>Ⅰ. 应用信息技术优化课堂教学</th><th>Ⅱ. 应用信息技术转变学习方式</th></tr>
<tr><td rowspan="3">评估与诊断</td><td>18. 尝试利用技术工具收集学生学习过程信息，并能整理与分析，发现教学问题，提出针对性的改进措施。</td><td>18. 综合利用技术手段进行学情分析，为促进学生的个性化学习提供依据。</td></tr>
<tr><td>19. 尝试利用技术工具开展测验、练习等工作，提高评价工作效率。</td><td>19. 引导学生利用评价工具开展自评与互评，做好过程性和终结性评价。</td></tr>
<tr><td>20. 尝试建立学生学习电子档案，为学生综合素质评价提供支持。</td><td>20. 利用技术手段持续收集学生学习过程及结果的关键信息，建立学生学习电子档案，为学生综合素质评价提供支持。</td></tr>
<tr><td rowspan="5">学习与发展</td><td colspan="2">21. 理解信息技术对教师专业发展的作用，具备主动运用信息技术促进自我反思与发展的意识。</td></tr>
<tr><td colspan="2">22. 利用教师网络研修社区，积极参与技术支持的专业发展活动，养成网络学习的习惯，不断提升教育教学能力。</td></tr>
<tr><td colspan="2">23. 利用信息技术与专家和同行建立并保持业务联系，依托学习共同体，促进自身专业成长。</td></tr>
<tr><td colspan="2">24. 掌握专业发展所需的技术手段和方法，提升信息技术环境下的自主学习能力。</td></tr>
<tr><td colspan="2">25. 有效参与信息技术支持下的校本研修，实现学用结合。</td></tr>
</table>

文件索引

1. 《中华人民共和国教育法》（中华人民共和国主席令第 45 号），1995 年 3 月 18 日公布，2015 年 12 月 27 日修订

2. 《教育部关于印发〈基础教育课程改革纲要（试行）〉的通知》（教基〔2001〕17 号），2001 年 6 月 8 日

3. 《教育部关于印发〈义务教育课程设置实验方案〉的通知》（教基〔2001〕28 号），2001 年 11 月 19 日

4. 《学生伤害事故处理办法》（中华人民共和国教育部令第 12 号），2002 年 6 月 25 日

5. 《学校食堂与学生集体用餐卫生管理规定》（中华人民共和国教育部、中华人民共和国卫生部令第 14 号），2002 年 9 月 20 日

6. 《中共中央国务院关于进一步加强和改进未成年人思想道德建设的若干意见》（中发〔2004〕8 号），2004 年 2 月 26 日

7. 《教育部关于进一步加强和改进师德建设的意见》（教师〔2005〕1 号），2005 年 1 月 13 日

8. 《中宣部 中央文明办 教育部 民政部 文化部关于运用传统节日弘扬民族文化的优秀传统的意见》（文明办〔2005〕11 号），2005 年 6 月 17 日

9. 《教育部办公厅关于在大中小学开展廉洁教育试点工作的意见》

(教社政厅〔2005〕3号),2005年7月1日

10.《卫生部 教育部关于印发〈学校食物中毒事故行政责任追究暂行规定〉的通知》(卫监督发〔2005〕431号),2005年11月2日

11.《国务院关于深化农村义务教育经费保障机制改革的通知》(国发〔2005〕43号),2005年12月24日

12.《教育部关于大力推进城镇教师支援农村教育工作的意见》(教人〔2006〕2号),2006年2月26日

13.《教育部关于大力加强中小学校园文化建设的通知》(教基〔2006〕5号),2006年4月25日

14.《教育部 财政部 人事部 中央编办关于实施农村义务教育阶段学校教师特设岗位计划的通知》(教师〔2006〕2号),2006年5月15日

15.《教育部关于进一步加强中小学班主任工作的意见》(教基〔2006〕13号),2006年6月4日

16.《中华人民共和国义务教育法》(中华人民共和国主席令第五十二号),2006年6月29日

17.《中小学幼儿园安全管理办法》(中华人民共和国教育部令第23号),2006年6月30日

18.《教育部 国家体育总局关于进一步加强学校体育工作,切实提高学生健康素质的意见》(教体艺〔2006〕5号),2006年12月20日

19.《国务院办公厅关于转发教育部中小学公共安全教育指导纲要的通知》(国办发〔2007〕9号),2007年2月7日

20.《教育部 总参谋部 总政治部 关于印发〈学生军事训练工作规定〉的通知》(教体艺〔2007〕7号),2007年3月22日

21.《中共中央 国务院关于加强青少年体育增强青少年体质的意见》(中发〔2007〕7号),2007年5月7日

22.《人事部 教育部关于印发高等学校、义务教育学校、中等职业学

校等教育事业单位岗位设置管理的三个指导意见的通知》（国人部发〔2007〕59号），2007年5月7日

23.《教育部关于加强和改进中小学艺术教育活动的意见》（教体艺〔2007〕16号），2007年5月30日

24.《共青团中央 教育部 人事部 全国少工委关于印发〈少先队辅导员管理办法（试行）〉的通知》（中青联发〔2007〕24号），2007年6月11日

25.《中宣部 教育部 司法部 全国普及法律常识办公室关于印发〈中小学法制教育指导纲要〉的通知》（教基〔2007〕10号），2007年7月24日

26.《教育部 卫生部 财政部关于印发〈国家学校体育卫生条件试行基本标准〉的通知》（教体艺〔2008〕5号），2008年6月9日

27.《卫生部 教育部关于印发〈中小学生健康体检管理办法〉的通知》（卫医发〔2008〕37号），2008年6月27日

28.《教育部 中国教科文卫体工会全国委员会关于重新修订和印发〈中小学教师职业道德规范〉的通知》（教师〔2008〕2号），2008年9月1日

29.《教育部关于印发〈中小学学生近视眼防控工作方案〉的通知》（教体艺〔2008〕7号），2008年9月4日

30.《教育部关于进一步加强中小学艺术教育的意见》（教体艺〔2008〕8号），2008年9月5日

31.《教育部办公厅 国家民委办公厅关于印发〈学校民族团结教育指导纲要（试行）〉的通知》（教民厅〔2008〕9号），2008年11月26日

32.《国务院办公厅转发人力资源社会保障部 财政部 教育部〈关于义务教育学校实施绩效工资指导意见〉的通知》（国办发〔2008〕133号），2008年12月23日

33.《教育部关于做好义务教育学校教师绩效考核工作的指导意见》(教人〔2008〕15号)，2008年12月31日

34.《教育部关于当前加强中小学管理规范办学行为的指导意见》(教基一〔2009〕7号)，2009年4月22日

35.《教育部关于印发〈中小学班主任工作规定〉的通知》(教基一〔2009〕12号)，2009年8月12日

36.《中宣部 教育部 国家民委关于在学校开展民族团结教育活动的通知》(教思政〔2009〕10号)，2009年8月20日

37.《教育部关于深化基础教育课程改革 进一步推进素质教育的意见》(教基二〔2010〕3号)，2010年4月27日

38.《中华人民共和国侵权责任法》(中华人民共和国主席令第二十一号)，2009年12月26日

39.《中共中央 国务院关于印发〈国家中长期教育改革和发展规划纲要（2010—2020年）〉的通知》(中发〔2010〕12号)，2010年7月8日

40.《国家发展改革委 教育部关于规范中小学服务性收费和代收费管理有关问题的通知》(发改价格〔2010〕1619号)，2010年7月23日

41. 中央综治办、教育部、公安部《关于进一步加强学校幼儿园安全防范工作建立健全长效工作机制的意见》(公通字〔2010〕38号)，2010年8月23日

42.《财政部 教育部关于建立普通高中家庭经济困难学生国家资助制度的意见》(财教〔2010〕356号)，2010年9月19日

43.《教育部关于推进中小学信息公开工作的意见》(教办〔2010〕15号)，2010年12月25日

44.《教育部关于印发〈中小学文明礼仪教育指导纲要〉的通知》(教基一〔2010〕7号)，2010年12月30日

45.《教育部关于大力加强中小学教师培训工作的意见》（教师〔2011〕1号），2011年1月4日

46.《全国妇联 教育部 中央文明办关于进一步加强家长学校工作的指导意见》（妇字〔2011〕2号），2011年1月27日

47.《教育部关于联合相关部委利用社会资源开展中小学社会实践的通知》（教基一〔2011〕2号），2011年5月5日

48.《教育部关于印发〈切实保证中小学生每天一小时校园体育活动的规定〉的通知》（教体艺〔2011〕2号），2011年7月8日

49.《学校教职工代表大会规定》（中华人民共和国教育部令第32号），2011年12月8日

50.《教育部 国家发展改革委 审计署关于印发〈治理义务教育阶段择校乱收费的八条措施〉的通知》（教基一〔2012〕1号），2012年1月20日

51.《教育部关于印发〈幼儿园教师专业标准（试行）〉〈小学教师专业标准（试行）〉和〈中学教师专业标准（试行）〉的通知》（教师〔2012〕1号），2012年2月10日

52.《教育部关于建立中小学幼儿园家长委员会的指导意见》（教基一〔2012〕2号），2012年2月17日

53.《中共中央宣传部办公厅 教育部办公厅关于进一步加强中小学时事教育的意见》（教基一厅〔2012〕4号），2012年2月23日

54.《校车安全管理条例》（中华人民共和国国务院令第617号），2012年3月28日

55.《教育部 外交部 公安部 国家旅游关于进一步加强对中小学生出国参加夏（冬）令营等有关活动管理的通知》（教外监〔2012〕26号），2012年4月24日

56.《教育部等七部门关于2012年治理教育乱收费规范教育收费工作

的实施意见》(教办〔2012〕4号),2012年4月25日

57.《国务院关于加强教师队伍建设的意见》(国发〔2012〕41号),2012年8月20日

58.《教育部关于加强中小学少先队活动的通知》(教基二〔2012〕3号),2012年9月3日

59.《国务院关于深入推进义务教育均衡发展的意见》(国发〔2012〕48号),2012年9月5日

60.《教育部关于进一步加强中小学校督导评估工作的意见》(教督〔2012〕9号),2012年9月5日

61.《教育部 中央编办 国家发展改革委 财政部人力资源社会保障部关于大力推进农村义务教育教师队伍建设的意见》(教师〔2012〕9号),2012年9月20日

62.《国务院办公厅转发教育部等部门关于进一步加强学校体育工作若干意见的通知》(国办发〔2012〕53号),2012年10月22日

63.《教育部关于印发〈全面推进依法治校实施纲要〉的通知》(教政法〔2012〕9号),2012年11月22日

64.《教育部等五部门关于印发〈边远贫困地区、边疆民族地区和革命老区人才支持计划教师专项计划实施方案〉的通知》(教民〔2012〕6号),2012年11月27日

65.《教育部关于印发〈中小学心理健康教育指导纲要(2012年修订)〉的通知》(教基一〔2012〕15号),2012年12月7日

66.《财政部 教育部关于印发〈中小学校财务制度〉的通知》(财教〔2012〕489号),2012年12月21日

67.《国家质检总局 国家标准委关于批准发布〈锚链涂漆和标志〉等722项国家标准和47项国家标准样品的公告》之中华人民共和国国家标准GB/T 29315-2012《中小学、幼儿园安全技术防范系统要求》(中华人

民共和国国家标准批准发布公告〔2012〕41号)，2012年12月31日

68.《共青团中央 教育部 全国少工委关于印发〈少先队总辅导员设置管理办法（试行）〉的通知》（中青联发〔2012〕23号)，2012年12月31日

69.《教育部等5部门关于加强义务教育阶段农村留守儿童关爱和教育工作的意见》(教基一〔2013〕1号)，2013年1月4日

70.《教育部关于印发〈中小学书法教育指导纲要〉的通知》（教基二〔2013〕1号)，2013年1月18日

71.《教育部办公厅 财政部办公厅关于印发〈“国培计划”示范性集中培训项目管理办法〉等三个文件的通知》（教师厅〔2013〕1号)，2013年1月29日

72.《教育部关于印发〈义务教育学校校长专业标准〉的通知》（教师〔2013〕3号)，2013年2月4日

73.《教育部关于在中小学幼儿园广泛深入开展节约教育的意见》(教基一〔2013〕5号)，2013年3月21日

74.《教育部办公厅关于印发〈中小学校岗位安全工作指南〉的通知》(教基一厅〔2013〕4号)，2013年5月6日

75.《教育部关于深化中小学教师培训模式改革全面提升培训质量的指导意见》(教师〔2013〕6号)，2013年5月6日

76.《教育部 司法部 中央综治办 共青团中央 全国普法办关于进一步加强青少年学生法制教育的若干意见》（教政法〔2013〕12号)，2013年6月13日

77.《教育部关于印发〈中小学生学籍管理办法〉的通知》（教基一〔2013〕7号)，2013年8月11日

78.《教育部关于印发〈中小学教师资格考试暂行办法〉〈中小学教师资格定期注册暂行办法〉的通知》（教师〔2013〕9号)，2013年8月

15 日

79.《教育部关于进一步加强中小学校长培训工作的意见》（教师〔2013〕11 号），2013 年 8 月 29 日

80.《中共教育部党组关于在全国各级各类学校深入开展“爱学习、爱劳动、爱祖国”教育的意见》（教党〔2013〕25 号），2013 年 8 月 31 日

81.《教育部关于建立健全中小学师德建设长效机制的意见》（教师〔2013〕10 号），2013 年 9 月 2 日

82.《教育部 公安部 共青团中央 全国妇联关于做好预防少年儿童遭受性侵工作的意见》（教基一〔2013〕8 号），2013 年 9 月 3 日

83.《教育部办公厅关于全面加强教师法制教育工作的通知》（教政法厅〔2013〕2 号），2013 年 9 月 26 日

84.《教育部关于实施全国中小学教师信息技术应用能力提升工程的意见》（教师〔2013〕13 号），2013 年 10 月 25 日

85.《中共中央关于全面深化改革若干重大问题的决定》（中国共产党第十八届中央委员会第三次全体会议通过），2013 年 11 月 12 日

86.《教育部关于进一步做好村小学和教学点经费保障工作的通知》（教财函〔2013〕147 号），2013 年 12 月 17 日

87.《国务院教育督导委员会办公室关于印发〈中小学校责任督学挂牌督导规程〉和〈中小学校责任督学工作守则〉的通知》（国教督办〔2013〕6 号），2013 年 12 月 18 日

88.《教育部关于推进学校艺术教育发展的若干意见》（教体艺〔2014〕1 号），2014 年 1 月 10 日

89.《教育部关于印发〈中小学教师违反职业道德行为处理办法〉的通知》（教师〔2014〕1 号），2014 年 1 月 11 日

90.《教育部关于进一步做好小学升入初中免试就近入学工作的实施

意见》(教基一厅〔2014〕1号), 2014年1月14日

91.《教育部关于在全国各级各类学校禁烟有关事项的通知》(教基一函〔2014〕1号), 2014年1月17日

92.《教育部办公厅关于进一步做好重点大城市义务教育免试就近入学工作的通知》(教基一厅〔2014〕1号), 2014年1月28日

93.《教育部办公厅关于印发〈中小学幼儿园应急疏散演练指南〉的通知》(教基一厅〔2014〕2号), 2014年2月22日

94.《教育部关于印发〈完善中华优秀传统文化教育指导纲要〉的通知》(教社科〔2014〕3号), 2014年3月26日

95.《教育部关于全面深化课程改革 落实立德树人根本任务的意见》(教基二〔2014〕4号), 2014年3月30日

96.《教育部关于培育和践行社会主义核心价值观进一步加强中小学德育工作的意见》(教基一〔2014〕4号), 2014年4月1日

97.《教育部关于印发〈学生体质健康监测评价办法〉等三个文件的通知》(教体艺〔2014〕3号), 2014年4月21日

98.《教育部办公厅关于印发〈中小学教师信息技术应用能力标准(试行)〉的通知》(教师厅〔2014〕3号), 2014年5月27日

99.《中小学学生赴境外研学旅行活动指南(试行)》2014年7月14日

100.《中华全国总工会关于印发〈中华全国总工会关于新形势下加强基层工会建设的意见〉的通知》(总工发〔2014〕22号), 2014年7月29日

101.《教育部 财政部 人力资源和社会保障部关于推进县(区)域内义务教育学校校长教师交流轮岗的意见》(教师〔2014〕4号), 2014年8月13日

102. 国务院《关于深化考试招生制度改革的实施意见》(国发

〔2014〕35号），2014年9月3日

103.《中共教育部党组关于开展烈士纪念日纪念活动的通知》（教党〔2014〕33号），2014年9月25日

104.《教育部关于教师参与志愿服务活动的指导意见》（教师〔2014〕9号），2014年9月25日

105.《关于印发〈教育管理信息化建设与应用指南〉的通知》（教信推办〔2014〕20号），2014年10月16日

106.《中共教育部党组 共青团中央关于在各级各类学校推动培育和践行社会主义核心价值观长效机制建设的意见》（教党〔2014〕40号），2014年10月17日

107.《中央编办 教育部 财政部关于统一城乡中小学教职工编制标准的通知》（中央编办发〔2014〕72号），2014年11月13日

108.《教育部关于在国家宪法日深入开展宪法学习宣传教育活动的通知》（教政法〔2014〕12号），2014年11月20日

109.《教育部关于普通高中学业水平考试的实施意见》（教基二〔2014〕10号），2014年12月10日

110.《教育部关于加强和改进普通高中学生综合素质评价的意见》（教基二〔2014〕11号），2014年12月10日

111.《教育部关于印发〈普通高中校长专业标准〉〈中等职业学校校长专业标准〉〈幼儿园园长专业标准〉的通知》（教师〔2015〕2号），2015年1月10日

112.《教育部关于印发〈学生志愿服务管理暂行办法〉的通知》（教思政〔2015〕1号），2015年3月16日

113.《公安部办公厅 教育部办公厅关于印发〈中小学幼儿园安全防范工作规范（试行）〉的通知》（公治〔2015〕168号），2015年3月16日

114.《教育部办公厅关于做好 2015 年城市义务教育招生入学工作的通知》(教基一厅〔2015〕1 号), 2015 年 3 月 23 日

115.《教育部关于印发〈学校体育运动风险防控暂行办法〉的通知》(教体艺〔2015〕3 号), 2015 年 4 月 30 日

116.《教育部关于深入推进教育管办评分离 促进政府职能转变的若干意见》(教政法〔2015〕5 号), 2015 年 5 月 4 日

117.《教育部 文化部 国家新闻出版广电总局关于加强新时期中小学图书馆建设与应用工作的意见》(教基一〔2015〕2 号), 2015 年 5 月 20 日

118.《国务院办公厅关于印发乡村教师支持计划(2015—2020 年)的通知》(国办发〔2015〕43 号), 2015 年 6 月 1 日

119.《教育部 工商总局 质检总局 国家标准委关于进一步加强中小学生校服管理工作的意见》(教基一〔2015〕3 号), 2015 年 6 月 18 日

120.《国家文物局教育部关于加强文教结合、完善博物馆青少年教育功能的指导意见》(文物博发〔2015〕9 号), 2015 年 6 月 18 日

121.《教育部关于印发〈严禁中小学校和在职中小学教师有偿补课的规定〉的通知》(教师〔2015〕5 号), 2015 年 6 月 29 日

122.《教育部 共青团中央 全国少工委关于加强中小学劳动教育的意见》(教基一〔2015〕4 号), 2015 年 7 月 20 日

123.《教育部等 6 部门关于加快发展青少年校园足球的实施意见》(教体艺〔2015〕6 号), 2015 年 7 月 22 日

124.《教育部办公厅关于印发〈中小学心理辅导室建设指南〉的通知》(教基一厅函〔2015〕36 号), 2015 年 7 月 29 日

125.《国务院关于加快发展民族教育的决定》(国发〔2015〕46 号), 2015 年 8 月 11 日

126.《教育部 公安部关于加强中小学幼儿园消防安全管理工作的意

见》(教督〔2015〕4号), 2015年8月18日

127.《教育部关于印发〈中小学生守则（2015年修订）〉的通知》(教基一〔2015〕5号), 2015年8月20日

128.《教育部关于印发〈特殊教育教师专业标准（试行）〉的通知》(教师〔2015〕7号), 2015年8月21日

129.《教育部 财政部关于改革实施中小学幼儿园教师国家级培训计划的通知》(教师〔2015〕10号), 2015年8月25日

130.《人力资源社会保障部 教育部关于印发〈关于深化中小学教师职称制度改革的指导意见〉的通知》(人社部发〔2015〕79号), 2015年8月28日

131.《国务院办公厅关于全面加强和改进学校美育工作的意见》(国办发〔2015〕71号), 2015年9月15日

132.《教育部 中央文明办关于深入开展文明校园创建活动的实施意见》(教基一〔2015〕7号), 2015年9月22日

133.《教育部关于加强家庭教育工作的指导意见》(教基一〔2015〕10号), 2015年10月11日

134.《全国人民代表大会常务委员会关于修改〈中华人民共和国教育法〉的决定》(中华人民共和国主席令第三十九号), 2015年12月27日

135.《教育部关于印发〈依法治教实施纲要（2016—2020年）〉的通知》(教政法〔2016〕1号), 2016年1月7日

136.《教育部办公厅关于印发乡村教师培训指南的通知》(教师厅〔2016〕1号), 2016年1月13日

137.《教育部办公厅关于印发〈普通学校特殊教育资源教室建设指南〉的通知》(教基二厅〔2016〕1号), 2016年1月20日

138.《教育部办公厅关于做好2016年城市义务教育招生入学工作的通知》(教基一厅〔2016〕1号), 2016年1月26日

139. 《国务院关于加强农村留守儿童关爱保护工作的意见》（国发〔2016〕13号），2016年2月4日

140. 《国务院办公厅关于印发全民科学素质行动计划纲要实施方案（2016—2020年）的通知》（国办发〔2016〕10号），2016年2月25日

141. 《国务院办公厅关于强化学校体育促进学生身心健康全面发展的意见》（国办发〔2016〕27号），2016年4月21日

142. 《国务院教育督导委员会办公室关于开展校园欺凌专项治理的通知》（国教督办函〔2016〕22号），2016年4月28日

143. 《教育部等四部门关于2016年规范教育收费治理教育乱收费工作的实施意见》（教办〔2016〕4号），2016年5月12日

144. 《共青团中央 教育部关于印发〈关于加强中学生志愿服务工作的实施意见〉的通知》（中青联发〔2016〕9号），2016年6月1日

145. 《教育部关于印发〈教育信息化“十三五”规划〉的通知》（教技〔2016〕2号），2016年6月7日

146. 《教育部办公厅关于印发〈全国青少年校园足球教学指南（试行）〉和〈学生足球运动技能等级评定标准（试行）〉的通知》（教体艺厅〔2016〕4号），2016年6月27日

147. 《教育部 司法部 全国普法办关于印发〈青少年法治教育大纲〉的通知》（教政法〔2016〕13号），2016年6月28日

148. 《教育部等九部门关于进一步推进社区教育发展的意见》（教职成〔2016〕4号），2016年6月28日

149. 《中央组织部、教育部党组关于加强中小学校党的建设工作的意见》（中组发〔2016〕17号），2016年6月29日

150. 国务院《关于统筹推进县域内城乡义务教育一体化改革发展的若干意见》（国发〔2016〕40号），2016年7月2日

151. 《教育部关于新形势下进一步做好普通中小学装备工作的意见》

（教基一〔2016〕3号），2016年7月13日

152.《教育部关于印发〈全国教育系统开展法治宣传教育的第七个五年规划（2016—2020年）〉的通知》（教政法〔2016〕15号），2016年7月21日

153.《财政部 教育部关于免除普通高中建档立卡家庭经济困难学生学杂费的意见》（财教〔2016〕292号），2016年8月30日

154.《教育部关于进一步推进高中阶段学校考试招生制度改革的指导意见》（教基二〔2016〕4号），2016年9月18日

155.《教育部办公厅等四部门关于印发〈普通高中建档立卡家庭经济困难学生免除学杂费政策对象的认定及学杂费减免工作暂行办法〉的通知》（教财厅〔2016〕4号），2016年10月18日

156.《教育部等九部门关于防治中小学生欺凌和暴力的指导意见》（教基一〔2016〕6号），2016年11月1日

157.《全国妇联 教育部等9部门关于印发〈关于指导推进家庭教育的五年规划（2016—2020年）〉的通知》（妇字〔2016〕39号），2016年11月2日

158.《全国人民代表大会常务委员会关于修改〈中华人民共和国民办教育促进法〉的决定》（中华人民共和国主席令第五十五号），2016年11月7日

159.《共青团中央 教育部关于印发〈中学共青团改革实施方案〉的通知》（中青联发〔2016〕17号），2016年11月10日

160.《财政部 教育部关于印发〈城乡义务教育补助经费管理办法〉的通知》（财科教〔2016〕7号），2016年11月11日

161.《教育部关于发布实施〈盲校义务教育课程标准（2016年版）〉〈聋校义务教育课程标准（2016年版）〉〈培智学校义务教育课程标准（2016年版）〉的通知》（教基二〔2016〕5号），2016年11月25日

162.《教育部等11部门关于推进中小学生研学旅行的意见》(教基一〔2016〕8号),2016年11月30日

163.《教育部关于大力推行中小学教师培训学分管理的指导意见》(教师〔2016〕12号),2016年12月13日

164.《国务院关于鼓励社会力量兴办教育 促进民办教育健康发展的若干意见》(国发〔2016〕81号),2016年12月29日

165.《教育部 人力资源社会保障部 工商总局关于印发〈营利性民办学校监督管理实施细则〉的通知》(教发〔2016〕20号),2016年12月30日

166.《国务院关于印发国家教育事业发展“十三五”规划的通知》(国发〔2017〕4号),2017年1月10日

167.《中共中央组织部 教育部关于印发〈中小学校领导人员管理暂行办法〉的通知》(中组发〔2017〕3号),2017年1月13日

168.《教育部关于印发〈义务教育小学科学课程标准〉的通知》(教基二〔2017〕2号),2017年1月19日

169.《残疾人教育条例》(中华人民共和国国务院令第674号),2017年2月1日

170.《教育部 国家体育总局关于推进学校体育场馆向社会开放的实施意见》(教体艺〔2017〕1号),2017年2月3日

171.《教育部办公厅关于做好中小学生课后服务工作的指导意见》(教基一厅〔2017〕2号),2017年2月24日

172.《教育部等四部门关于印发〈高中阶段教育普及攻坚计划(2017—2020年)〉的通知》(教基〔2017〕1号),2017年3月24日

173.《教育部关于全面推进教师管理信息化的意见》(教师〔2017〕2号),2017年3月31日

174.《教育部办公厅　财政部办公厅关于做好2017年农村义务教育

阶段学校教师特设岗位计划实施工作的通知》（教师厅〔2017〕4号），2017年4月5日

175.《教育部关于印发〈县域义务教育优质均衡发展督导评估办法〉的通知》(教督〔2017〕6号)，2017年4月19日

176.《教育部办公厅 中国残联办公厅关于做好残疾儿童少年义务教育招生入学工作的通知》(教基厅〔2017〕1号)，2017年4月20日

177.《国务院办公厅关于加强中小学幼儿园安全风险防控体系建设的意见》(国办发〔2017〕35号)，2017年4月25日

178.《教育部办公厅关于防范学生溺水事故的预警通知》（教督厅〔2017〕1号)，2017年5月18日

179.《关于印发学校结核病防控工作规范（2017版）的通知》(国卫办疾控发〔2017〕22号)，2017年6月26日

180.《教育部等七部门关于印发〈第二期特殊教育提升计划(2017—2020年)〉的通知》(教基〔2017〕6号)，2017年7月17日

181.《国务院办公厅关于进一步加强控辍保学提高义务教育巩固水平的通知》(国办发〔2017〕72号)，2017年7月28日

182.《教育部关于印发〈中小学德育工作指南〉的通知》（教基〔2017〕8号)，2017年8月17日

183.《教育部关于在全国中小学开展中华优秀文化艺术传承学校创建活动的通知》(教体艺函〔2017〕10号)，2017年9月18日

184.《教育部关于印发〈中小学综合实践活动课程指导纲要〉的通知》(教材〔2017〕4号)，2017年9月25日

185.《决胜全面建成小康社会 夺取新时代中国特色社会主义伟大胜利》(习近平在中国共产党第十九次全国代表大会上的报告)，2017年10月18日

186.《教育部关于印发〈义务教育学校管理标准〉的通知》（教基

〔2017〕9 号)，2017 年 12 月 4 日

187.《教育部 国家体育总局 北京冬奥组委关于印发〈北京 2022 年冬奥会和冬残奥会中小学生奥林匹克教育计划〉的通知》（教体艺〔2018〕1 号)，2018 年 1 月 30 日

188.《中共中央 国务院关于全面深化新时代教师队伍建设改革的意见》(新华社 2018 年 1 月 31 日受权发布)，2018 年 1 月 20 日

189.《教育部办公厅关于规范管理面向基础教育领域开展的竞赛挂牌命名表彰等活动的公告》(教基厅〔2018〕4 号)，2018 年 2 月 12 日

190.《教育部办公厅等四部门关于切实减轻中小学生课外负担开展校外培训机构专项治理行动的通知》（教基厅〔2018〕3 号)，2018 年 2 月 13 日

后　记

在我国教育改革与发展的进程中，党中央、国务院以及教育部和有关部委先后制定、修订了一系列教育法规和政策，这些重要文件对于普通中小学的教育教学改革具有极其重要的指导作用。由于文件较多，学校在执行时往往出现挂一漏万的现象，鉴于此，教育部原基础教育一司委托江苏省泰州市教育局开展《普通中小学校长工作手册》（简称《手册》）研制的课题研究，希望所研制《手册》把与学校发展息息相关的诸多方针政策、法律法规都摘编出来，对学校投身教育领域综合改革、推进学校课程改革、提升学校治理水平，起到积极的指导作用。

本书为“《普通中小学校长工作手册》研制”课题成果，课题由江苏省泰州市教育局奚爱国同志担任主持人，封留才同志具体负责统筹、协调和审核工作。参与本书编写、修改和联络工作的有（按姓氏笔画排序）：乔新、刘卫军、刘宇翔、邹京明、沙华中、沙国祥、林忠玲、周燕霞、胡唐明、姚小林、翁光明、曹文兵、戴荣等同志。

教育部基础教育司吕玉刚司长，杜柯伟、俞伟跃副司长策划审定了全书。基础教育司陈东升、张辉武、朱尧、冯嵩参与了具体工作，相关司局提供了重要参考意见和建议。此外，教育科学出版社李东社长、郑豪杰副社长高度重视本书的出版工作，组织了专门力量为书稿的审读和编辑加工做了大量工作，他们的专业努力为本书增色不少。在此，对所有指导、支持和参与《手册》编写工作的同志们一并表示感谢。

本书编写组

2018 年 3 月